Dr. Katharina Turecek

ALLES IM KOPF

Der erste Lernratgeber
für wissenshungrige Erwachsene

Aufgrund der leichteren Lesbarkeit wurde in diesem Buch auf geschlechtergerechtes Formulieren verzichtet. Soweit personenbezogene Bezeichnungen nur in männlicher Form angeführt sind, beziehen sie sich auf Männer und Frauen in gleicher Weise.

© Hubert Krenn VerlagsgesmbH, Wien 2019
www.hubertkrenn.at

Printed in EU

ISBN 978-3-99005-340-9

DR. KATHARINA TURECEK

ALLES IM KOPF

DER ERSTE LERNRATGEBER
FÜR WISSENSHUNGRIGE ERWACHSENE

KRENN

Man sollte alle Tage wenigstens
ein kleines Lied hören,
ein gutes Gedicht lesen,
ein treffliches Gemälde sehen
und, wenn es möglich zu machen wäre,
einige vernünftige Worte sprechen.
Johann Wolfgang von Goethe

Für Roland,
denn am schönsten ist es,
den Horizont gemeinsam zu erweitern.

INHALT

IHR GANZ
PERSÖNLICHES VORWORT

Schon eine bekannte Redewendung besagt: Man lernt im Leben niemals aus. Und wenn Sie mich fragen, dann sollte man das auch nicht – egal, ob es um persönliche Erfahrungen oder um die Erweiterung der Allgemeinbildung geht. Mit diesem Buch möchte ich Ihnen zeigen, dass und vor allem WIE man seinen persönlichen Horizont in jedem Alter erweitern kann. Sie erfahren, wie ordentliche Organisation aussieht, welche Strategien Sie leichter lernen lassen, wie Sie sich mehr merken und letztlich, was es braucht, damit Sie sich erfolgreich an Gelerntes erinnern.

Aber fangen wir am Anfang an: bei Ihrer persönlichen Ausgangssituation. Schließlich ist es auf dem Weg zum Ziel hilfreich, seinen Startpunkt zu kennen. Analysieren Sie Ihre momentanen Lernstrategien, um mit Hilfe dieses Buches herauszufinden, wie Sie diese optimieren können. Dafür sollten Sie sich in erster Linie folgende Fragen stellen:

Wie habe ich bisher gelernt?

Wie sieht mein Lernverhalten aus?

Halten Sie all Ihre Überlegungen zu diesem Thema in einem sogenannten „Freewriting" fest. Nehmen Sie sich etwa fünf Minuten Zeit und schreiben Sie in dieser Zeit jeden Gedanken auf, der Ihnen in den Kopf kommt. Dabei ist alles erlaubt, Fehler sind egal und zurückgelesen oder gar ausgebessert wird nicht. Alles was zählt ist, immer weiterzuschreiben. Wenn Ihnen nichts mehr einfällt, schreiben Sie genau das auf, was Ihnen durch den Kopf geht. Notfalls auch: „Jetzt fällt mir gerade nichts mehr ein." Was passiert, wenn Sie lernen? Sie können dabei ruhig Ihre aktuellen Methoden beschreiben, aber auch erzählen, welche Schwierigkeiten oder Unterbrechungen eventuell auftreten.

Holen Sie sich einen Stift und schreiben
Sie Ihrem Buch ein Vorwort!

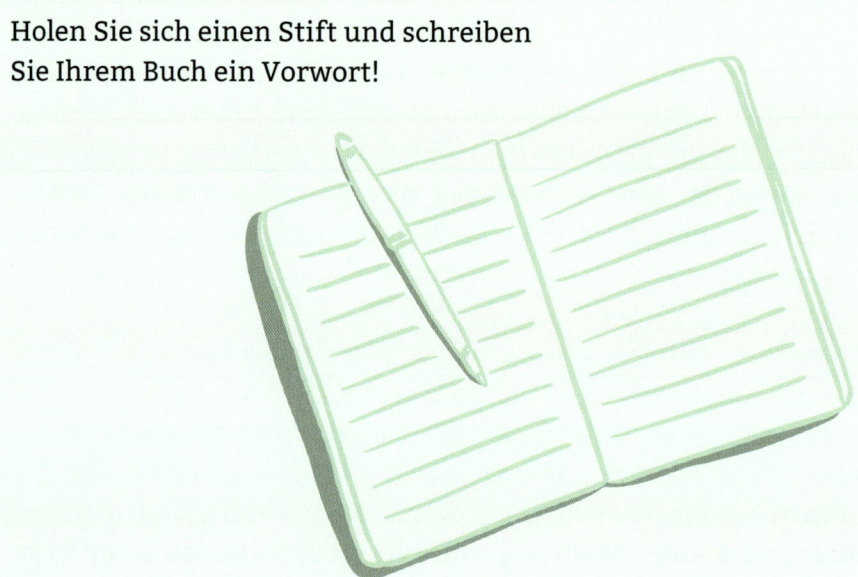

Wenn ich lerne, dann …

Im zweiten Schritt lesen Sie sich Ihr Vorwort in Ruhe durch und
fassen Ihr bisheriges Lernverhalten in Stichworten zusammen:

Meine Lernstrategien:

Meine Lernschwierigkeiten:

Ich habe diese Aufgabe schon vielen Studierenden gestellt und dabei folgende Erfahrung gemacht: Meistens sind die Antworten zu dem Punkt „Lernschwierigkeiten" viel ausführlicher und präziser als die gesammelten Ideen zu „Meine Lernstrategien". Die wenigsten können erklären, was genau sie machen, wenn sie „lernen" und das, obwohl die Befragten genau damit sehr viel Zeit verbringen.

Ziel dieses Buches ist, Ihnen dabei zu helfen, auf die Frage „Was machen Sie, wenn Sie lernen", eine entschiedene Antwort geben zu können. Sie werden Ihre persönliche Lernstrategie entwickeln, mit Hilfe derer Sie sich letztlich jedes Wissensgebiet aneignen können. Ich möchte Ihnen mit diesem Buch Lust aufs Lernen machen und meine Erfahrung und Werkzeuge, die ich in meinen mittlerweile zwanzig Jahren als Autorin von Lernratgebern und Keynote-Speakerin gesammelt habe, mit auf den Weg geben. Ich wünsche Ihnen viel Erfolg und natürlich viel Spaß – denn genau das soll Lernen letztlich für Sie bedeuten.

KATHARINA TURECEK
www.katharinaturecek.com

BILDUNG IST NICHT
WISSEN, SONDERN
INTERESSE AM WISSEN.
HANS MARGOLIUS

1

OPTIMAL
ORGANISIEREN

- Was macht einen erfolgreichen Lerner aus?
- Welche Fähigkeiten würden Sie sich wünschen, um Ihre Lernziele zu erreichen?
- Woran sind bisherige Lernprojekte gescheitert oder welche Probleme treten bei Personen auf, die abbrechen oder versagen?
- Was sollte jeder Studierende gut können?

Fragen, die ich regelmäßig in meinen Vorträgen stelle. Die Antworten darauf fallen vielseitig aus. Um erfolgreich Lernen zu können, braucht es mehr als ein gutes Gedächtnis oder die Fähigkeit, sinnerfassend zu lesen. Selbstlernkompetenz setzt sich aus sechs Teilbereichen zusammen: Motivation, Organisation, Konzentration, Lernstrategien, Gedächtnis und Wiedergabe.

MOTIVATION

WIEDERGABE

MEIN LERNPROFIL

ORGANISATION

GEDÄCHTNIS

KONZENTRATION

LERNSTRATEGIEN

ABB. 1: DAS LERNPROFIL [1]

Auf die Frage nach den notwendigen Fähigkeiten für optimales Lernen erhalte ich besonders häufig Antworten wie: „zuhören können", „durchhalten" oder „Zeit planen". Natürlich werden auch Kompetenzen wie „verstehen", „vernetzen" oder „ein gutes Gedächtnis" genannt. Interessanterweise häufen sich aber Qualifikationen, die nicht primär mit „Lernen" oder „Merken" zusammenhängen, sondern eher als Lernvoraussetzungen gelten: Motivation, Selbstorganisation und Aufmerksamkeit. Um genau diese Themen kreist dieses Kapitel. Es hilft Ihnen dabei, optimale Startvoraussetzungen zu schaffen!

[1] TURECEK, KATHARINA (2011) ERFOLGREICH MIT DEM LERNPROFIL: ERKENNE DEINEN PERSÖNLICHEN LERNSTIL UND FINDE DEINE OPTIMALE LERNSTRATEGIE. KRENN

DER WEG IST DAS ZIEL –
AUCH BEIM LERNEN

Betrachten wir im ersten Schritt Ihre Ausgangsituation. Was wollen Sie eigentlich lernen?

Situation 1: Sie haben eine Prüfung vor sich

Situation 2: Sie interessieren sich für ein Thema und wollen Ihr Wissen dazu erweitern

Situation 3: Sie stehen vor einer Bewerbung und bereiten sich auf das Assessment Center vor

Situation 4: Sie wollen Ihre Chancen beim wöchentlichen Kneipenquiz erhöhen

Situation 5: ...

Egal, wie Ihre persönliche Antwort ausfallen mag: definieren Sie Ihr Lernziel – und zwar so detailgenau wie möglich. Die Lernziele „Die Prüfung schaffen" oder „Im Assessment Center bestehen" sind zu allgemein. Der Weg zu Ihrem Lernziel besteht aus vielen Teilschritten. Und die gilt es herauszufinden.

SCHRITT 1:
THEMENSAMMLUNG

Prüfungsstoff, Fragensammlungen, Testvorgaben oder Quiz-Gebiete können Ihre Wegweiser sein. Machen Sie eine Liste aller Themengebiete, die Sie sich vornehmen.

TIPP   DIESE THEMENSAMMLUNG KÖNNEN SIE AUCH IN FORM EINER MINDMAP (SIEHE S. 66) GESTALTEN.

SCHRITT 2:
WAS IST WICHTIG?

Markieren Sie in Ihrer Sammlung jene Themen, die besonders wichtig sind. Sie selbst bestimmen hierfür die Kriterien. Wichtig kann prüfungsrelevant bedeuten. Wichtig kann aber auch heißen, dass Sie persönlich dieses Thema interessant finden. Heben Sie in diesem Schritt jene Bereiche hervor, die Sie am Ende besonders gut beherrschen wollen.

SCHRITT 3:
WAS IST UMFANGREICH
ODER SCHWIERIG?

Gibt es einen Bereich, der Ihnen schon im Vorfeld Bauchschmerzen bereitet? Weil Sie beispielsweise wissen, dass er inhaltlich herausfordernd ist? Oder weil das Gebiet besonders umfangreich ist? Notieren Sie sich, dass Sie hier mehr Zeit einplanen müssen.

TIPP   WAS MUSS MAN HEUTE WISSEN? ES GIBT KEINE ALLGEMEIN GÜLTIGE DEFINITION DAFÜR, WAS EINE GUTE ALLGEMEINBILDUNG AUSMACHT. MÖGLICHE SCHWERPUNKTE SIND NATURWISSENSCHAFTEN, TECHNIK, HANDWERK, SPRACHE UND FREMDSPRACHE, LITERATUR, KUNST, GEOGRAFIE, POLITIK, DAS AKTUELLE WELTGESCHEHEN ODER AUCH PHILOSOPHIE, RELIGION, ETHIK UND SPORT SIND MÖGLICHE WISSENSGEBIETE.

Beantworten Sie für sich selbst, welche Themen für Sie wichtig sind. Wo wollen Sie einen Schwerpunkt setzen und Ihr Wissen erweitern? Dieses Buch wird Ihnen dabei helfen, nicht nur einzelne Informationsfragmente anzuhäufen, sondern das Gelernte auch zu verstehen und zu vernetzen (siehe S. 51). Denn Allgemeinbildung ist mehr als das Rezitieren von auswendig gelernten Listen und das Aufsagen von Definitionen.

BEISPIEL

Hier eine Mindmap über das Themenfeld Geschichte mit dem Schwerpunkt Europa und Deutschland.

Wichtige Kapitel wurden mit einem Rufzeichen markiert und das umfangreiche Thema mit einer Wolke umschlossen.

21. JAHRHUNDERT

!

20. JAHRHUNDERT

Kolonialismus
1. Weltkrieg
Zwischenkriegszeit
2. Weltkrieg
Kalter Krieg
Wende
Nahostkonflikt

!

19. JAHRHUNDERT

Industrialisierung
Kommunismus
Biedermeier

UR- UND FRÜHGESCHICHTE

Steinzeit
Kupfersteinzeit
Bronzezeit
Eisenzeit

ANTIKE

Antikes Griechenland
Römisches Reich

Andere:
Perser
Minoische Kultur
Germanen

MITTELALTER

Fränkisches Reich
Wikinger
Kreuzzüge
Osmanisches Reich
100jähriger Krieg

!

FRÜHE NEUZEIT

Rennaissance
Heiliges römisches Reich
Reformation
Aufklärung
Absolutismus
Französische Revolution

KEINE ZEIT?
EIN FAHRPLAN FÜR VIELBESCHÄFTIGTE

Lernen ist zeitaufwändig! Lernzeit gehört in Ihren Terminkalender! Reservieren Sie Zeitfenster für Ihr Projekt!

Sie brauchen kein Zeitmanagement, weil Sie ohnehin noch Wochen Zeit haben, um Ihre Lernziele zu erreichen? Dann befinden Sie sich wahrscheinlich in Phase 1:

PHASE 1: Ach, ein Monat – das ist ja enorm viel Zeit!

PHASE 2: Wie – schon nächste Woche?

PHASE 3: Bereit für die Prüfung, aber fix und fertig!

Wir haben kein angeborenes Zeitgefühl. Schon Einstein soll gesagt haben, dass eine Minute kurz oder ewig dauern kann, je nachdem ob man die Zeit mit einem schönen Mädchen oder auf einer heißen Herdplatte verbringt. Zeit ist eben relativ... Machen Sie sich ein realistisches Bild und erstellen Sie einen Zeitplan.

SCHRITT 1:
SETZEN SIE SICH EINE DEADLINE

Auch wenn Sie keinen Prüfungstermin vor sich haben, überlegen Sie sich eine Deadline. Bis wann wollen Sie ein bestimmtes Thema erlernt haben? Setzen Sie sich selbst einen fiktiven Termin. Das wird Ihnen helfen, Ihr Ziel zu erreichen.

SCHRITT 2:
NOCH IST DER ZEITPLAN LEER

Machen Sie eine ganz einfache Tabelle. Die Zeilen sind die Tage bis zur Prüfung. Ganz unten ist Ihre Deadline. Jetzt sehen Sie, wie es der Katze in Phase 1 geht: vor ihr liegt gefühlt noch ewig Zeit! Doch der Schein trügt:

SCHRITT 3:
DER WAHRE ZEITPLAN

Teilen Sie die einzelnen Zeilen in Spalten auf – für Uhrzeiten oder Tagesabschnitte. Notieren Sie jetzt alle Termine, die für die nächste Periode bereits feststehen: Arbeitszeiten, Haushaltsführung, Arzt-Termine, Familienfeiern, Sportpläne und, und, und ...

Ihr Zeitplan wird sich füllen.

Jetzt sehen Sie, wie viel Zeit Ihnen tatsächlich bleibt!

SCHRITT 4:
FINDEN SIE ZEITFENSTER

Welche Zeitfenster sind frei geblieben? Wann haben Sie Luft für Ihr Lernprojekt? Notieren Sie, wie eingangs beschrieben, Ihr Lernvorhaben als Termin in Ihrem Kalender.

TIPP   GEWOHNHEITEN UND ROUTINEN HELFEN, DEN INNEREN SCHWEINEHUND IN ZAUM ZU HALTEN. FINDEN SIE MÖGLICHST REGELMÄSSIGE ZEITFENSTER, EVENTUELL AN IHRER LEISTUNGSKURVE (S. 30) ORIENTIERT.

BEISPIEL

ZEITPLAN DEZEMBER BIS JÄNNER

Es ist kein Zufall, dass für dieses Beispiel der Jahreswechsel gewählt wurde, denn gerade um die Feiertage schätzen wir die verfügbare Zeit häufig falsch ein. „Das mach ich in den Weihnachtsferien", denken sich etwa viele Studierende … und dann vergehen die Tage immer wie im Flug. Warum das so ist, sehen Sie in diesem Zeitplan. Obwohl die ganze Periode zwischen Weihnachten und 6. Jänner mit Urlaubstagen freigehalten wird, bleiben nur wenige „Lerntage" über:

2019–2020	FRÜH	VORMITTAG	NACHMITTAG	ABEND
Sa. 21.12.				
So. 22.12.				
Mo. 23.12.		Büro	Büro	
Di. 24.12.		Weihnachten		
Mi. 25.12.		Familie		
Do. 26.12.				
Fr. 27.12.				
Sa. 28.12.				
So. 29.12.				
Mo. 30.12.				
Di. 31.12.			Silvester	

2019–2020	FRÜH	VORMITTAG	NACHMITTAG	ABEND
Mi. 1 1.	Neujahr			
Do. 2.1.				
Fr. 3.1.				
Sa. 4.1.				
So. 5.1.				
Mo. 6.1.	Skifahren			
Di. 7.1.		Büro	Büro	
Mi. 8.1.		Büro	Büro	
Do. 9.1.		Büro	Büro	
Fr. 10.1.		Büro	Büro	
Sa. 11.1.				
So. 12.1.				
Mo. 13.1.		Büro	Büro	
Di. 14.1.		Büro	Büro	
Mi. 15.1.		Büro	Büro	
Do. 16.1.		Büro	Büro	
Fr. 17.1.		Büro	Büro	
Sa. 18.1.				
So. 19.1.				
Mo. 20.1.		Büro	Büro	
Di. 21.1.		Büro	Büro	
Mi. 22.1.		Büro	Büro	
Do. 23.1.		Büro	Büro	
Fr. 24.1.		Büro	Büro	

DOPPELT HÄLT BESSER: DER ZWEI-PHASEN-LERNPLAN

Das Geheimnis eines erfolgreichen Lernplans? Er besteht aus zwei Phasen.

ERARBEITEN ▶ **EINPRÄGEN**

Viele Lernende begehen den Fehler, mit Phase zwei zu beginnen. Sie versuchen sich etwas zu merken, bevor Sie es noch verstanden haben (mehr dazu auf S. 51).

Sie finden in diesem Buch für beide Lernphasen Methoden und Anregungen. Das Kapitel „Leichter Lernen" bietet zahlreiche Strategien, die Ihnen dabei helfen, Lernstoff zu verstehen, Zusammenhänge zu erkennen und Lernmaterialien zu erstellen. Im Kapitel „Mehr Merken" geht es darum, wie Sie sich Details und Listen langfristig merken können. Beides ist wichtig für Ihren Lernerfolg, aber eben in der richtigen Reichenfolge. Das Gerüst für Ihren Lernplan haben Sie vorhin erstellt (siehe S. 20). Jetzt können Sie Ihren Zeitplan füllen. Berücksichtigen Sie die beiden Phasen in Ihrem Lernplan.

SCHRITT 1: ZEIT HALBIEREN

Es hat sich bewährt, die Lernzeit in der Hälfte zu teilen. Sie können aber, je nach Lernziel oder Thema, hier auch ein wenig variieren.

SCHRITT 2: PUFFER EINBAUEN

Planen Sie nach halber Lernzeit nach Möglichkeit eine kurze Auszeit ein. Dieser Ruhetag kann später auch als Puffer dienen, wenn Sie Ihr geplantes Pensum nicht einhalten können. Auch gegen

Ende der Lernzeit ist es gut, ein wenig „Luft" im Lernplan zu lassen, um ein wenig Spielraum zu haben.

SCHRITT 3:
„ERARBEITUNGS-PHASE" PLANEN

In einem vorigen Schritt (S. 14) haben Sie bereits die einzelnen Teilschritte definiert, die zu Ihrem Lernziel führen. Verteilen Sie die Themen über die vorhandenen Zeitfenster. Beginnen Sie mit den wichtigen Kapiteln und planen Sie für umfangreiche oder anspruchsvolle Themen schon jetzt mehr Zeit ein.

TIPP IN DIESER LERNPHASE WERDEN SIE AKTIV! SIE ERARBEITEN LERNMATERIALIEN, VERFASSEN KURZE ZUSAMMENFASSUNGEN ODER LESEN LÄNGERE TEXTE. IN DIESER LERNPHASE SIND LÄNGERE ZEITFENSTER OPTIMAL!

SCHRITT 4:
„EINPRÄGE-PHASE" PLANEN

Verteilen Sie anschließend alle Themengebiete in die zweite Zeitspanne.

TIPP MERKEN ERFORDERT HOHE KONZENTRATION! FÜR DIESE LERNPHASE SIND KÜRZERE ZEITFENSTER OPTIMAL!

Planen Sie Zeit fürs Einprägen ein, auch wenn Sie keine Prüfung vor sich haben und obwohl Sie einzelne Informationen natürlich jederzeit nachschlagen können. Sie festigen Ihr Wissen, wenn Sie die Informationen in eigenen Worten aus dem eigenen Gedächtnis wiedergeben, anstatt Sie von äußeren Quellen abzurufen oder abzulesen.

Mit diesem Lernplan werden Sie den gesamten Stoff zweimal bearbeiten. Beim ersten Durchgang geht es noch nicht darum, sich etwas zu merken (obwohl natürlich schon jetzt einiges hängen bleiben wird). Die erste Lernphase dient dazu, den Stoff zu verstehen. Anschließend, in der zweiten Phase, werden Sie sich die Details einprägen.

BEISPIEL

Ein Zeitplan entsteht, wenn der Lernweg (siehe S. 14) mit dem Zeitplan (S. 18) kombiniert wird. Anschließend wird die Zeit halbiert für die Lernphasen „Erarbeiten" und „Einprägen" und in der Mitte ein Puffer eingeplant.

Für unser Beispiel wurde das 20. Jahrhundert mit den folgenden Themen eingeplant: **Kolonialismus | 1. Weltkrieg | Zwischenkriegszeit | 2. Weltkrieg | Kalter Krieg | Wende | Nahostkonflikt**

2019–2020		FRÜH	VORMITTAG	NACHMITTAG	ABEND	
Sa.	21.12.		Kolonialismus (K)			E
So.	22.12.					R
Mo.	23.12.					A
Di.	24.12.					R
Mi.	25.12.					B
Do.	26.12.		1. Weltkrieg (WW1)			E
Fr.	27.12.					I
Sa.	28.12.		Zwischenkriegszeit (ZW)			T
So.	29.12.		2. Weltkrieg (WW2)			E
Mo.	30.12.					N
Di.	31.12.					
Mi.	1 1.					
Do.	2.1.		Kalter Krieg und Wende (KK)			
Fr.	3.1.					
Sa.	4.1.		Nahostkonflikt (NO)			
So.	5.1.					
Mo.	6.1.					

2019–2020		FRÜH	VORMITTAG	NACHMITTAG	ABEND	
Di.	7.1.	›				PUF FER
Mi.	8.1.	›				
Do.	9.1.	›			K	
Fr.	10.1.	› K			K	
Sa.	11.1.	›			WW1	E I N P R Ä G E N
So.	12.1.	› WW1			WW1	
Mo.	13.1.	›			ZW	
Di.	14.1.	› ZW			WW2	
Mi.	15.1.	› WW2			WW2	
Do.	16.1.	›			KK	
Fr.	17.1.	› KK			KK	
Sa.	18.1.	›			NO	
So.	19.1.	› NO			NO	
Mo.	20.1.	›			Alles	
Di.	21.1.	› Alles			Alles	
Mi.	22.1.	› Alles			Alles	
Do.	23.1.	› Alles			Alles	
Fr.	24.1.	›				PUF.

LERNPHASE ERARBEITEN Hier sind, wie im Text erwähnt, längere Lernphasen notwendig. Trotzdem kann niemand einen ganzen Tag nur lernen (siehe S. 30). Der Plan dient hier der inhaltlichen Einteilung.

LERNPHASE EINPRÄGEN Kurze Wiederholungsphasen sind besonders zielführend. Alternativ könnte auch nur morgens oder abends wiederholt werden, je nach Leistungskurve (auch hierzu mehr auf S. 30) und Stoffmenge.

HAUSMITTEL GEGEN „AUFSCHIEBERITIS" – SICHTBARE LERNERFOLGE

Wohngemeinschaften von Studierenden sind angeblich umso sauberer, je näher die Prüfungstermine rücken. Da stellt sich die Frage: Warum ist Putzen manchmal attraktiver als Lernen? Weil man rasch Erfolge erkennt.

Das Problem beim Lernen ist, das es gar nicht so einfach ist, Lernerfolg sichtbar zu machen. Wenn Sie den ganzen Tag lernen, sieht es nachher genauso aus wie vorher (zumindest nicht besser). Für unser Erfolgserlebnis und damit auch für unsere Motivation sind Resultate allerdings sehr wichtig.

Wenn Sie putzen, sehen Sie (hoffentlich) ein Resultat. Und das motiviert. Zumindest so sehr, dass wir eher putzen als lernen.

Sie wollen Ihre anfängliche Motivation aufrechterhalten? Dann machen Sie Ihren Lernfortschritt sichtbar.

Was ist das Schönste an einer To-do-Liste? Richtig, das Abhaken!

Sie haben Ihr Lernziel bereits in einzelne Schritte unterteilt (siehe S. 14), gestalten Sie nun eine Liste, auf der Sie Ihre Lernerfolge festhalten können.

GESTALTUNGSIDEEN

Klassische Liste zum Abhaken

1   3

2   4

Lernweg

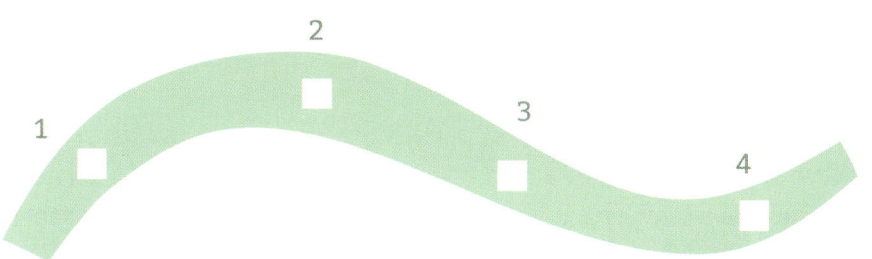

Balken

Bei dieser Variante können Sie die Feldgröße an den Umfang des Themas anpassen. Aufwändigere Kapitel erhalten größere Felder.

1 | 2 | 3 | 4

BEISPIEL

LERNFELD GESCHICHTE

So könnte der Lernerfolg sichtbar gemacht werden:

- *Ur- und Frühgeschichte*
- *Antike*
- *Mittelalter*
- *Frühe Neuzeit*
- *19. Jahrhundert*
- *20. Jahrhundert*
- *21. Jahrhundert*

Oder auch detaillierter:

- *20. Jahrhundert*
- *Kolonialismus*
- *1. Weltkrieg*
- *Zwischenkriegszeit*
- *2. Weltkrieg*
- *Kalter Krieg*
- *Wende*
- *Nahostkonflikt*

Sie könnten natürlich in Ihrer To-do-Liste auch zwischen den beiden Lernphasen unterscheiden:

THEMA	ERARBEITET	EINGEPRÄGT
20. Jahrhundert		
Kolonialismus		
Erster Weltkrieg		
Zwischenkriegszeit		
Zweiter Weltkrieg		
Kalter Krieg		
Wende		
Nahostkonflikt		

Anbei noch eine Balken-Lösung: aufwändigere Kapitel erhalten einen breiteren Abschnitt, bereits erledigte Kapitel können ausgemalt werden.

Ur- und Früh	Antike	Mittel- alter	Frühe Neuzeit	19. Jh	20. Jh	21. Jh

MORGENMENSCH ODER NACHTEULE? LEISTUNGSKURVE ENTDECKEN

Wir sind nicht rund um die Uhr gleich leistungsfähig! So gibt es Tageszeiten, an denen wir müde und andere Zeiträume, in denen wir besonders leistungsfähig sind.

Eine typische Leistungskurve steigt morgens nach dem Aufwachen an und erreicht ein erstes Hoch am Vormittag. Nach dem Mittagessen folgt eine weniger aktive Phase, das sogenannte Mittagstief. Dieses Tief hängt natürlich auch davon ab, was und wie viel wir mittags essen. Anschließend folgt meist ein weiteres Hoch am Nachmittag, gefolgt von der abendlichen Müdigkeit und der Einschlafphase.

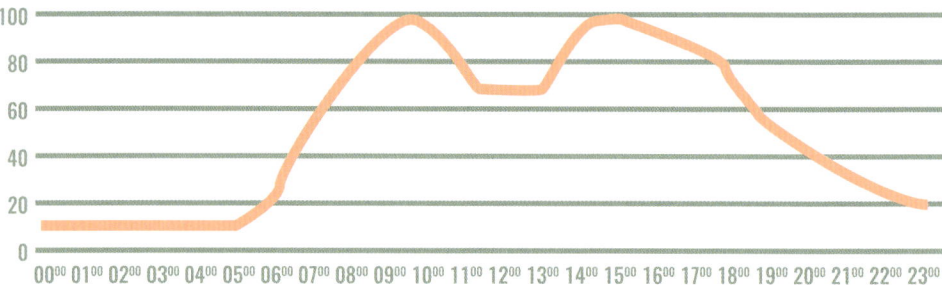

Wie könnte Ihre persönliche Leistungskurve aussehen? Sind Sie eher ein Morgenmensch oder haben Sie abends mehr Energie? Können Sie vormittags oder nachmittags am besten arbeiten oder sind Sie gar morgens oder abends besonders produktiv? Ihre Leistungskurve zeigt Ihnen, wo Ihre optimalen Lernzeiten liegen.

Zeichnen Sie deshalb Ihre persönliche Leistungskurve und orientieren Sie sich nicht an anderen. Wir alle haben unterschiedliche Tagesrhythmen. Der einzig gemeinsame Nenner ist die Tatsache, dass niemand vierundzwanzig Stunden lang durchgehend voll leistungsfähig ist. Lernen braucht Ihre volle Aufmerksamkeit (siehe S. 32).

Wann ist Ihre beste Lernzeit?

BEISPIEL

So sieht meine Leistungskurve aus:

```
100

 80

 60

 40

 20

  0
   00⁰⁰ 01⁰⁰ 02⁰⁰ 03⁰⁰ 04⁰⁰ 05⁰⁰ 06⁰⁰ 07⁰⁰ 08⁰⁰ 09⁰⁰ 10⁰⁰ 11⁰⁰ 12⁰⁰ 13⁰⁰ 14⁰⁰ 15⁰⁰ 16⁰⁰ 17⁰⁰ 18⁰⁰ 19⁰⁰ 20⁰⁰ 21⁰⁰ 22⁰⁰ 23⁰⁰
```

DIE KUNST DES SINGLE-TASKING

Während Sie das dritte Kapitel lesen, klingelt das Telefon. Nach dem Gespräch schreiben Sie noch kurz eine WhatsApp – die Antwort kommt drei Minuten später, als sie gerade zum zweiten Mal die nächste Überschrift lesen ... Sie unterbrechen erneut. Klingt vertraut?

Multitasking ist ein Trend, der dazu führt, dass wir vieles tatsächlich „Multi", nämlich immer wieder, tun – aber eben nicht mit voller Aufmerksamkeit und auch nicht mit vollem Erfolg.

Die wahre Kunst der heutigen Zeit heißt Single-Tasking! Schaffen Sie es, eine halbe Stunde konzentriert zu lernen? Ohne Unterbrechung?

SCHRITT 1:
STÖRFAKTOREN BEOBACHTEN
UND SAMMELN

Probieren Sie es aus. Am besten jetzt gleich! Nehmen Sie ein aktuelles Buch zur Hand und nehmen Sie sich vor, dreißig Minuten ungestört zu lesen.

Notieren Sie auf der nächsten Seite in der Störfaktoren-Sammlung alles, was in der nächsten halben Stunde zu einer Unterbrechung führt. Welchen Ablenkungen sind Sie ausgesetzt?

SCHRITT 1:
STÖRFAKTOREN ERGÄNZEN

Denken Sie an vergangene Lernsituationen. Was führte zu Ablenkungen? Welche Unterbrechungen haben stattgefunden? Ergänzen Sie Ihre Störfaktorensammlung.

SCHRITT 3:
VERÄNDERBARE STÖR-
FAKTOREN ERKENNEN

Teilen Sie die gefundenen Punkte im nächsten Schritt in zwei Spalten ein. Machen Sie eine Liste für jene Unterbrechungen, Ablenkungen und Störfaktoren, denen Sie wirklich hilflos ausgeliefert sind. In die zweite Liste kommen Punkte, gegen die Sie etwas unternehmen können.

SCHRITT 4:
GEGENMASSNAHMEN FINDEN

Widmen Sie sich der Liste mit den veränderbaren Störungen. Finden Sie mögliche Gegenstrategien. Was können Sie tun, um den Störfaktor zu reduzieren, zumindest für den Zeitraum, in dem Sie ungestört lernen möchten?

SCHRITT 5:
GEGENMASSNAHMEN
TATSÄCHLICH SETZEN

Sie wollen wissen, warum Sie manchmal das Gefühl haben, beim Lernen einfach nicht weiterzukommen? Ihre Antwort haben Sie vor sich liegen. Die gesammelten Störfaktoren stehlen Ihnen im wahrsten Sinne wertvolle Zeit. In Summe nehmen die vielen kurzen Unterbrechungen eine große Zeitspanne in Anspruch. Wahrscheinlich sind viele Lösungen, die Sie gefunden haben, recht trivial: Fenster schließen aufgrund des Straßenlärms, das Handy lautlos schalten, Kopfhörer oder Ohrstöpsel anstecken ...

Die schöne Nachricht: Es ist häufig ganz einfach, sich vor gewissen Ablenkungen zu schützen. Eigentlich absurd, dass wir uns den Zeitdieben dennoch ungeschützt aussetzen. Probieren Sie es aus! Setzen Sie die von Ihnen gefundenen Gegenmaßnahmen direkt ein und lernen Sie erneut dreißig Minuten lang – diesmal tatsächlich ungestört.

BEISPIEL

MEINE STÖRFAKTOREN-SAMMLUNG

UNVERÄNDERBARE STÖRFAKTOREN

VERÄNDERBARE STÖRFAKTOREN

STÖRFAKTOR	MÖGLICHE GEGENSTRATEGIE

SO DENKEN SIE NICHT
AN EINEN ROSA ELEFANTEN

„WC-Papier! Ich muss noch WC-Papier kaufen!" „So ärgerlich, dass wir gestern wieder gestritten haben." „Ich bin so müde." ... „Wenn ich die Prüfung diesmal wieder nicht schaffe, höre ich ganz auf ..."

Kennen Sie Gedanken dieser Art während des Lernens? Unerwünschte Gedanken können genauso ablenkend sein wie die laute Baustelle vor dem Fenster! Haben Sie bei der Sammlung von Störfaktoren auch „störende Gedanken" notiert? Tatsächlich lenken uns unsere eigenen Gedanken häufig von wichtigen Projekten und eben auch beim Lernen ab.

Dass die Empfehlung „Einfach nicht daran denken" nicht funktioniert, weiß jeder, der schon einmal aufgefordert wurde, nicht an einen rosa Elefanten zu denken. Unweigerlich taucht der pinke Dickhäuter in unserer Vorstellung auf.

Versuchen Sie deshalb nicht, störende Gedanken zu unterdrücken – genau das kann diese nämlich zusätzlich verstärken. Schreiben Sie die Gedanken stattdessen auf. Dieser einfache Trick hilft, die unerwünschten Überlegungen loszuwerden.

Ein kleiner Notizblock sollte aus diesem Grund ein wichtiges Utensil auf Ihrem Arbeitsplatz sein. Wenn Ihnen zwischendurch Kleinigkeiten einfallen, notieren Sie diese. Denken Sie nicht darüber nach, ob sie wichtig sind oder nicht, überlegen Sie nicht, wann Sie sich darum kümmern wollen – machen Sie einfach Ihre Notizen.

Um die Umsetzung und Organisation der Punkte und To-dos widmen Sie sich, sobald Sie mit dem Lernen fertig sind. Einige der notierten Punkte werden gar nicht mehr relevant sein, andere können in Ruhe erledigt werden. Ganz im Sinne des Single-Taskings (siehe S. 32).

TIPP SCHREIBEN SIE RUHIG AUCH DINGE AUF, DIE IHNEN SORGEN ODER ÄRGER BEREITEN – DURCH DAS AUFSCHREIBEN VERLIERT SO MANCHES SEINEN SCHRECKEN.

LERNEN IST WIE ZÄHNE PUTZEN – RITUALE UND GEWOHNHEITEN

Wenn in der Früh der Wecker läutet, beginnt sicherlich auch bei Ihnen das Morgenritual: Aufstehen, Zähneputzen, Frühstücken ... Jeder von uns kennt diese automatisierten Abläufe, über die man nicht mehr groß nachdenken muss.

Zähneputzen ist Teil Ihres Morgenrituals. Sie denken nicht darüber nach, ob Sie das heute machen oder nicht. Sie müssen auch nicht überlegen, zu welcher Uhrzeit Sie das erledigen wollen. Zähneputzen ist Teil Ihrer Morgenroutine.

Eine ähnliche Routine kann Ihnen helfen, Lernprojekte zu verwirklichen und Lernen einen Teil Ihres Alltags werden zu lassen. Das Schwierigste am Lernen ist häufig der Beginn. Sobald wir einmal angefangen haben, wissen wir auch, wie wir weitermachen können.

Ein Lernritual hilft Ihnen dabei loszulegen!

Anders als bei Ihrem Morgenritual muss Ihr Lernritual nicht immer zu einem bestimmten Zeitpunkt stattfinden. Es ist lediglich das Startsignal für Ihr Gehirn: Jetzt wird gelernt. Ähnlich wie die Jingle vor einer Radiosendung uns ankündigt, welche Sendung folgt.

MÖGLICHE LERNRITUALE

- **Erfrischend:** Ein bestimmtes Getränk wie etwa ein kühles Glas Wasser (vielleicht mit einer Zitronenscheibe) oder ein bestimmter Tee.

- **Aktivierend:** Eine Bewegung wie etwa eine Dehnübung.

- **Entspannt:** Atmen Sie bewusst tief ein und aus oder nehmen Sie sich Zeit für eine Atemübung.

- **Musikalisch:** Wie wäre es mit einem Lied, dass Sie sich zu Beginn anhören?

- **Simpel:** Auch eine einfache Tätigkeit wie das Öffnen des Fensters kann ein Lerneinstiegsritual sein.

- **Organisiert:** Räumen Sie alles vom Tisch und legen Sie Ihre Unterlagen bereit.
  ...

Was eignet sich für Ihren Lerneinstieg? Wählen Sie eine Idee aus und wiederholen Sie diese Tätigkeit ab jetzt immer, bevor Sie zu Lernen beginnen. Wichtig ist, dass Sie wirklich immer die gleiche Tätigkeit, möglichst in einem ähnlichen Ablauf, durchführen. Mit der Zeit entsteht so ein neuer Automatismus, eine Gewohnheit. Sobald Sie anschließend das Buch öffnen, werden Sie wie von selbst starten!

TIPP EINE WEITERE STARTHILFE: NOTIEREN ODER MARKIEREN SIE SICH AM ENDE JEDER LERNEINHEIT, WO SIE BEIM NÄCHSTEN MAL WEITERARBEITEN WOLLEN!

SO KANN ICH NICHT ARBEITEN! – WERKPLATZ UND WERKZEUG ORGANISIEREN

Während Schul- und Studienjahren verbringen wir so einige Stunden an unserem Schreibtisch. Dann beginnt der Berufsalltag, und bei vielen verschwindet der Schreibtisch aus dem Leben.

Wenn Sie nach einer längeren Lernpause ein neues Lernprojekt planen, stellen Sie sich bewusst die Frage: „Wo lerne ich?"

FRAGE 1: WO KANN ICH UN- GESTÖRT ARBEITEN?

Wie würden Sie Ihrem Kind seinen Lernplatz einrichten? Häufig denken wir da großzügiger, als wenn es um unseren eigenen Lernraum geht. Dabei berichten gerade ältere Lernende, wie wichtig eine ruhige Lernumgebung für eine optimale Konzentration ist.

FRAGE 2: WO SITZE ICH, WENN ICH SCHREIBE?

Sie lernen am liebsten auf dem Sofa oder liegen lesend im Bett? Auch gut! Doch es wird Situationen geben, in denen Sie auch einmal etwas schreiben möchten. Wo ist Ihre Schreibfläche?

TIPP CHAOS-KISTE STATT CHAOS-SCHREIBTISCH – IHR SCHREIBTISCH IST ZU VOLL MIT ANDEREN UNTERLAGEN, UM KONZENTRIERT ARBEITEN ZU KÖNNEN? ODER SIE ARBEITEN AM WOHNZIMMERTISCH UND VOR IHNEN STEHEN SALZSTREUER UND

OBSTSCHÜSSEL? WENN SIE IHRE WERTVOLLE LERNZEIT NICHT AUSSCHLIESSLICH MIT AUFRÄUMEN VERBRINGEN WOLLEN, VERSUCHEN SIE ES MIT EINER SCHNELLEN UND KURZZEITIGEN LÖSUNG: RÄUMEN SIE DIE STÖRENDEN SACHEN IN EINE EIGENE KISTE – UND NACH DEM LERNEN EINFACH ZURÜCK AUF DEN TISCH.

FRAGE 3:
WO HABE ICH
PLATZ FÜR MEINE
UNTERLAGEN?

Haben Sie bis jetzt Ihre Lernorte in Ihre normale Wohnumgebung integriert und sich vorgenommen, einfach am Wohnzimmertisch zu sitzen, wenn Sie eine Schreibfläche brauchen? Vielleicht wollen Sie gar nicht in den eigenen vier Wänden arbeiten, sondern eine Bibliothek oder ihr Stamm-Café aufsuchen?

Ja, natürlich funktioniert Lernen auch ohne Schreibtisch. Aber dann stellt sich zumindest die Frage: Wo werden Sie Ihre Unterlagen bewahren? Regalfläche für Literatur, Schubladen für Stifte und Materialien ... nur wenn Platz ist, können Sie später Ordnung in Ihre Lernwelt bringen!

FRAGE 4:
WAS BRAUCHE ICH?

Besorgen Sie sich gleich zu Beginn Hilfsmittel zur Organisation Ihrer Unterlagen: eine Mappe, Registerblätter, Klarsichthüllen. Oder kleine Haftnotizzettel zum Markieren von wichtigen Seiten oder Kapiteln.

Sorgen Sie dafür, dass Sie beim Lernen nicht unnötig aufgehalten werden, weil Sie das notwendige Werkzeug nicht zur Hand haben: Lineal, Stifte (in verschiedenen Farben), Papier, Moderationskarten oder Karteikarten ... die richtigen Materialien machen richtig Lust darauf, mit ihnen zu arbeiten!

BEISPIEL

Sie haben also vor, ein Lernziel zu erreichen? Gratulation!

Wie werden Sie ihr Vorhaben umsetzen? Vor allem: Wo werden Sie lernen?

Stellen Sie sich mindestens eine tatsächliche Lernsituation vor und skizzieren Sie diese hier.

Wo wird Ihr Lernort sein?

ES KANN NUR EINE GEBEN: FINDEN SIE IHRE HAUPTQUELLE

Sie werden viel Zeit mit Ihren Lernmaterialien verbringen. Seien Sie anspruchsvoll bei der Wahl.

Sind auch Sie ein Sammler und horten Sie stapelweise Bücher, Mitschriften, Mappen und diverse Materialien? Das ist grundsätzlich gut, denn schließlich wollen Sie ja nichts Wichtiges übersehen. Damit Sie die Inhalte aber lernen können, ist es notwendig, die Quellen auf das Wesentliche zu reduzieren:

SCHRITT 1:
SAMMELN IST NUR DER BEGINN

Nützen Sie die Möglichkeit, online nach Publikationen zu Ihrem Thema zu suchen und suchen Sie dabei durchaus auch nach Variationen des Suchbegriffs oder durchforsten Sie die Rubrik „Andere Kunden suchten auch".

SCHRITT 2:
ENTSCHEIDEN SIE SICH FÜR EINE HAUPTQUELLE

Entscheiden Sie sich für Ihre Hauptquelle! Welches Material ist für Sie die Hauptgrundlage des Lernprojektes? Verschiedene Kriterien können bei der Auswahl hilfreich sein:

- Ist die Quelle inhaltlich relevant für Ihr Lernziel? Finden Sie alle oder die meisten grundlegenden Inhalte?
- Ist die Quelle verlässlich? Sind die Informationen korrekt und aktuell?

- Finden Sie das Material übersichtlich gestaltet? Wie ist das Inhaltsverzeichnis aufgebaut, finden sich Unterüberschriften? Gibt es ein Stichwortverzeichnis?
- Gefällt Ihnen der optische Eindruck und gibt es Abbildungen, Tabellen oder Übersichten?
- Lesen Sie einen beliebigen Absatz und beurteilen Sie den sprachlichen Stil, ist dieser für Sie ansprechend und verständlich?

Sie können sich auch für Ihre eigene Mitschrift als Hauptquelle entscheiden oder eine eigene Mappe zusammenstellen.

SCHRITT 3:
NEBENQUELLEN SIND
WERTVOLLE ZULIEFERER

Natürlich kann es sein, dass einzelne Themen in Ihrem Hauptwerk nicht vorkommen, oder ein bestimmter Inhalt in einem anderen Buch besser erklärt beziehungsweise erläutert wird. Bereichern Sie Ihre Hauptquelle deshalb mit Zusatzinformationen! Sie können dazu einzelne Infozettel (siehe S. 62) oder eine Mindmap (siehe S. 66) erstellen und sich auch Notizen direkt im Buch machen.

SCHRITT 4:
IHR SAMMELWERK

Das Ziel ist die Erstellung eines Sammelwerkes, also eine für Sie persönlich vollständige Lernunterlage. Dieses Sammelwerk liefert die Antwort auf die Frage: „Was werde ich lernen?".

TIPP DIE ERSTELLUNG DES SAMMELWERKS BRAUCHT ZEIT! IM KAPITEL „LEICHTER LERNEN" WERDEN SIE EINIGE METHODEN KENNENLERNEN, DIE IHNEN DABEI HELFEN, DAS SAMMELWERK ENTSTEHEN ZU LASSEN. IN DER ORGANISATIONSPHASE IST ES LEDIGLICH WICHTIG, SICH FÜR EINE HAUPTQUELLE ZU ENTSCHEIDEN UND SO DIE BASIS ZU SCHAFFEN!

BEISPIEL

So könnte der Lernstapel zu Beginn aussehen:

Zunächst wurde
alles gesammelt,
was inhaltlich
interessant erscheint.

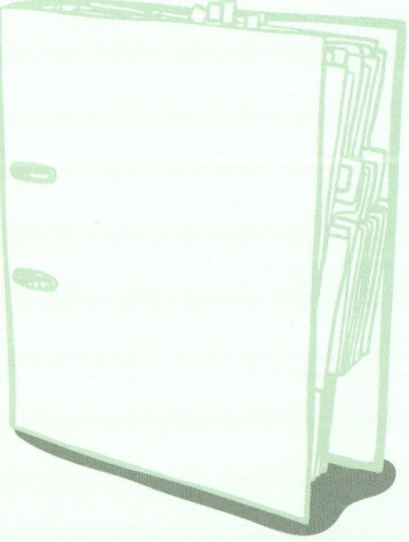

Hier ist ein Sammel-
werk entstanden.

Zeiteffizient ist es, ein gutes Buch als Hauptquelle zu verwenden.

SO BIN ICH
OPTIMAL ORGANISIERT

KURZ UND BÜNDIG:

**EINE OPTIMALE VORBEREITUNG
IST DER SCHLÜSSEL ZUM ERFOLG.**

**DIE RICHTIGE VORBEREITUNG
SPART VIEL ZEIT.**

**MOTIVATION, SELBSTORGANISATION
UND AUFMERKSAMKEIT SIND DIE
BASIS FÜR DEN LERNERFOLG.**

In diesem Kapitel haben Sie gelernt, optimale Voraussetzungen für Ihr persönliches Lernprojekt zu schaffen und Anregungen zu Motivation, Selbstorganisation und Aufmerksamkeitsspanne erhalten. Sie haben erfahren, wie sich häufige Fehler im Vorfeld vermeiden und etwaige Hürden geschickt überwinden lassen.

Hier finden Sie Ihre persönliche Check-Liste für einen optimalen Lernstart! Haken Sie die Punkte ab, die Sie erledigt haben.

METHODE	ERLEDIGT	MEINE NOTIZEN
Lernziel – Lernweg	☐	
Zeit finden	☐	
Lernplan in 2 Phasen	☐	
Sichtbarmachen	☐	
Leistungskurve	☐	
Single-Tasking – Störfaktoren sammeln	☐	
Notizbuch für rosa Elefanten	☐	
Lernritual	☐	
Werkplatz und Werkzeug	☐	
Hauptquelle finden	☐	

DER UNGEBILDETE
SIEHT ÜBERALL
NUR EINZELNES, DER
HALBGEBILDETE DIE
REGEL, DER GEBILDETE
DIE AUSNAHME.
FRANZ GRILLPARZER

2 LEICHTER LERNEN

Lernen ist mehr als nur auswendig lernen! Das wird uns vor Augen geführt, wenn wir beispielsweise Schülerinnen und Schüler beobachten, die eifrig für eine Arbeit lernen, diese zwar gut bestehen, doch schon kurze Zeit später nichts vom Gelernten wiedergeben können. Bulimie-Lernen nennen manche diese Strategie, bei der in kürzester Zeit viel Stoff auswendig gelernt wird, um kurz später ... ach Sie wissen schon! Bulimie-Lernen: Ein unschöner Begriff, ein unappetitliches Bild, aber leider trauriger Alltag für viele Lernende.

Warum sinnfreies Auswendiglernen nicht nachhaltig ist, zeigt eine Studie, die schon mehr als hundert Jahre alt ist. Hermann Ebbinghaus hat seine Untersuchungen zu Lernen und Vergessen in seiner berühmten Vergessenskurve dargestellt:

VERGESSENSKURVE
NACH EBBINGHAUS

Ganz schön frustrierend, oder? Nach zwanzig Minuten wissen wir nur noch 58 % von dem, was wir gelernt haben. Nach einem Tag sind es gar nur noch 34 %.

Stimmt das? Ist es wirklich so, dass wir alles so schnell vergessen? Das würde bedeuten, dass Sie das, was Sie vor zwanzig Minuten in diesem Buch über Lernvoraussetzungen gelesen haben, jetzt schon wieder fast zur Hälfte vergessen haben. Das stimmt jedoch nicht!

Die Vergessenskurve nach Ebbinghaus entsteht, wenn wir sinnlose Silben auswendig lernen. Und genau da liegt das Problem! Was wird nicht verstanden haben, vergessen wir rapide – am stärksten fällt die Kurve gleich zu Beginn ab.

Hätte Ebbinghaus statt Silben tatsächliche Begriffe, ein Gedicht oder gar sinnhaften Text gewählt, würde die Kurve ganz anders aussehen. Darum haben Sie auch vom vorigen Kapitel noch vieles in Erinnerung.

Aber denken Sie zurück an Ihre Schulzeit. Sie lernen für Biologie, vor Ihnen eine Definition, die Sie nicht verstehen. Was machen Sie? Sie lernen die Definition wortwörtlich auswendig. Für die bevorstehende Prüfung wird es vielleicht reichen, aber schon nach kurzer Zeit ist die Definition wie verraucht. Eine Definition, die wir nicht verstehen, ist wie Ebbinghaus'sche Silben: Wir vergessen sie sehr schnell.

Frustriert es Sie, dass Sie vieles, was Sie früher gelernt haben, nicht mehr in Erinnerung haben? Dann nützen Sie die Chance, ab jetzt anders zu lernen. Der Zeitpunkt dafür ist gut – denn je älter wir werden, desto schwieriger wird das Memorieren sinnloser Silbenreihen. Dafür können wir auf ein dichtes Wissensnetz früherer Erfahrungen zurückgreifen, Lerninhalte vernetzen und so nachhaltig in Erinnerung behalten.

Wie Sie genau das gezielt angehen, erfahren Sie in diesem Kapitel. Die hier vorgestellten Lernstrategien führen zu Aha-Erlebnissen.

EIN KLUGER KOPF
HAT VIELE FRAGEN

In der Schule bekommen wir jede Menge Antworten, bevor wir gefragt haben. Für die Motivation ist das nicht unbedingt förderlich.

Fragen sind entscheidend für unsere Motivation, vor allem sind sie aber auch Anknüpfungspunkte für neues Wissen. Ausgangspunkt für das Erlernen von großen Antworten ist das Formulieren eigener Fragen.

Es gibt so viele Möglichkeiten, Fragen zu stellen!

ÜBERBLICKSFRAGEN

Was ist?
Was ist ein Beispiel für?
Was unterscheidet?

FRAGEN NACH PERSONEN

Wer?	Mit wem?
Gegen wen?	Nach wem?
Vor wem?	Durch wen?
Wessen?	

FRAGE NACH ZEITPUNKTEN

Wann?	Wonach?
Was war danach?	Wie lange?
Wie oft?	Ab wann?
Bis wann?	Seit wann?

FRAGE NACH ORTEN	Wo?	Wobei?
	Woran?	Wohin?
	Woher?	

FRAGE NACH DETAILS	Wie viel?	Wie weit?
	Wie alt?	Wie wichtig?

FRAGE NACH ZUSAMMENHÄNGEN	Wie?	Warum?
	Wodurch?	Welche?
	Weshalb?	Wozu?

Probieren Sie es aus! Stellen Sie fünf bis sieben Fragen zu einem Thema Ihrer Wahl.

Wetten, dass dieser Prozess ganz von selbst Ihre Neugierde weckt und Sie sich umgehend auf die Suche nach den Antworten machen?

Sie werden feststellen, dass Sie mit einer anderen Haltung an Texte, aber auch an Vorlesungen und Seminare herangehen, wenn Sie fragengeleitet arbeiten: Sie hören bewusster zu, können gezielter nachfragen und lesen aktiv, anstatt sich nur berieseln zu lassen.

BEISPIEL

FRAGEN ZU DEN NÖRDLICHEN SEEWEGEN

Angenommen Sie interessieren sich für Seewege um den Nord-pol, welche Fragen könnten Sie stellen?

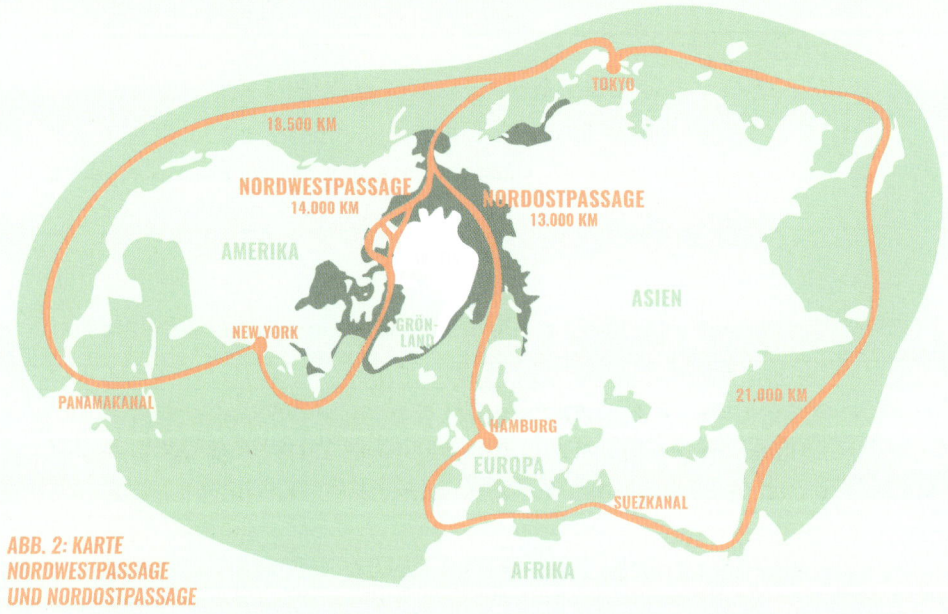

ABB. 2: KARTE
NORDWESTPASSAGE
UND NORDOSTPASSAGE

MÖGLICHE FRAGEN

– Was ist der Unterschied zwischen der Nordost- und der Nord-westpassage?
– Wann wurden die Passagen entdeckt?
– Wer hat sie entdeckt und mit welchem Schiff?
– Warum sind die Seewege wichtig?
– Wird die Passage aktuell genützt?
– Auch interessant: Wer war der erste Mensch am Nordpol?

MÖGLICHE ANTWORTEN
AUF DIE FRAGEN

Was ist der Unterschied zwischen der Nordost- und der Nordwestpassage?

Von Europa aus segelt man entweder Richtung Westen (Nordwestpassage über Nordpolarmeer durch kanadisch-arktisches Archipel) oder Richtung Osten (Nordostpassage vom weißen Meer zur Beringstraße).

Wann wurden die Passagen entdeckt?

Der Beginn der Suche erfolgte ab dem 16. Jahrhundert, die erste Durchfahrung der Nordwestpassage fand 1903 bis 1906 durch den Norweger Roald Amundson mit dem Schiff Gjøa statt.

Warum sind die Seewege wichtig?

Der Seeweg von Europa nach Asien ist durch die Passage stark verkürzt. Von Rotterdam nach Tokio durch den Suezkanal sind es 21.100 Kilometer, durch die Nordostpassage nur 14.100 Kilometer, also fast um ein Drittel weniger.

Wird die Passage aktuell genützt?

Aufgrund des Rückgangs von Eis gewinnen die Seewege aktuell wieder an Bedeutung, vor allem aber auch die Gewinnung von Rohstoffen.

Welcher Seeweg ist bedeutender?

Die Nordostpassage. Sie ist seit 1967 in den Sommermonaten für die Seeschifffahrt frei, hier werden vor allem Erze transportiert.

Wer war der erste Mensch am Nordpol?

Der Engländer Walter William Herbert im Jahr 1669.

AUS LESEBÜCHERN
WERDEN NACHSCHLAGWERKE

Ihre Lernunterlagen von heute sind Ihre Nachschlagewerke von morgen. Die Zeit, die Sie jetzt mit Lesen verbringen, ist eine wertvolle Zeit und Sie können sie nützen, um auch die Bücher wertvoller zu machen. Je zielstrebiger Sie später Informationen finden, desto besser ist Ihre Lernunterlage.

SCHRITT 1:
KAPITEL MARKIEREN

Werfen Sie einen Blick ins Inhaltsverzeichnis. Welche Kapitel sind relevant? Johann Wolfgang von Goethe hat einmal gesagt: „Es ist ein großer Unterschied, ob ich lese zum Genuss und Belebung oder zur Erkenntnis und Belehrung". Ein Fachbuch liest sich anders als ein Roman. Einen Roman lesen wir von vorne bis hinten der Reihe nach durch. Bei einem Fachbuch können Sie hingegen auch mitten im Buch beginnen.

Mit Hilfe von kleinen Haftnotizzetteln können Sie die Kapitelanfänge Ihres Buches markieren. So können Sie später gezielt Themen finden. Anfangsbuchstaben oder kleine Symbole auf den Haftnotizzetteln helfen dabei.

SCHRITT 2:
LESEN SIE NIE OHNE
STIFT IN DER HAND

In Bücher darf man nicht hineinschreiben? Lassen Sie diesen Glaubenssatz los und erlauben Sie sich – zumindest in Ihren Lern- und Arbeitsbüchern – das Schreiben, Unterstreichen und Skizzieren.

Sie wissen nicht, was Sie unterstreichen sollen und unterstreichen daher viel zu viel? Kein Problem. Nehmen Sie einen Bleistift und legen Sie mit dem Unterstreichen los! Dann kommt Runde zwei: Wählen Sie jetzt einen farbigen Stift und markieren von diesen wichtigen Bleistift-Begriffen noch einmal die allerwichtigsten. Sie werden sehen, mit diesem Trick gelingt es schnell, die wirklich wichtigen Informationen herauszufiltern. Vielleicht entwickeln Sie so mit der Zeit sogar ein persönliches Farbsystem – mit einer Farbe für besonders wichtige Inhalte? Auch Jahreszahlen, Namen oder andere Themen können natürlich gerne eine spezielle Farbe erhalten.

TIPP   ZIELSICHER LESEN: DENKEN SIE SCHON BEIM LESEN DARAN, WOFÜR UND WANN SIE DAS WISSEN SPÄTER BENÖTIGEN WERDEN. WELCHE MÖGLICHEN FRAGEN ERGEBEN SICH AUS DEM TEXT?

SCHRITT 3: VOM LESER ZUM BUCHGESTALTER

Kennen Sie das? Man liest einen Absatz und versteht zunächst nicht, worum es geht. Erst nach mehrmaligem Lesen kommt das sogenannte „Aha-Erlebnis". Wenn Ihnen das das nächste Mal passiert: Notieren Sie gleich Ihre Gedanken dazu! Ihnen ist beispielsweise ein Beispiel eingefallen? Schreiben Sie sich ein Stichwort dazu auf! Eine Skizze hilft, Ihre Erkenntnis zu veranschaulichen? Dann kommt sie an genau diese Stelle direkt ins Buch – bei Platzmangel vielleicht auf einen Haftnotizzettel. Halten Sie Ihr „Aha-Erlebnis" fest, um nicht beim nächsten Mal über genau die gleiche Stelle zu stolpern.

BEISPIEL

In meinem Buch „Gehirnspaziergang" schreibe ich über die positiven Auswirkungen von Spaziergängen auf unser Gehirn, hier finden Sie die einleitenden Seiten nach Bearbeitung:

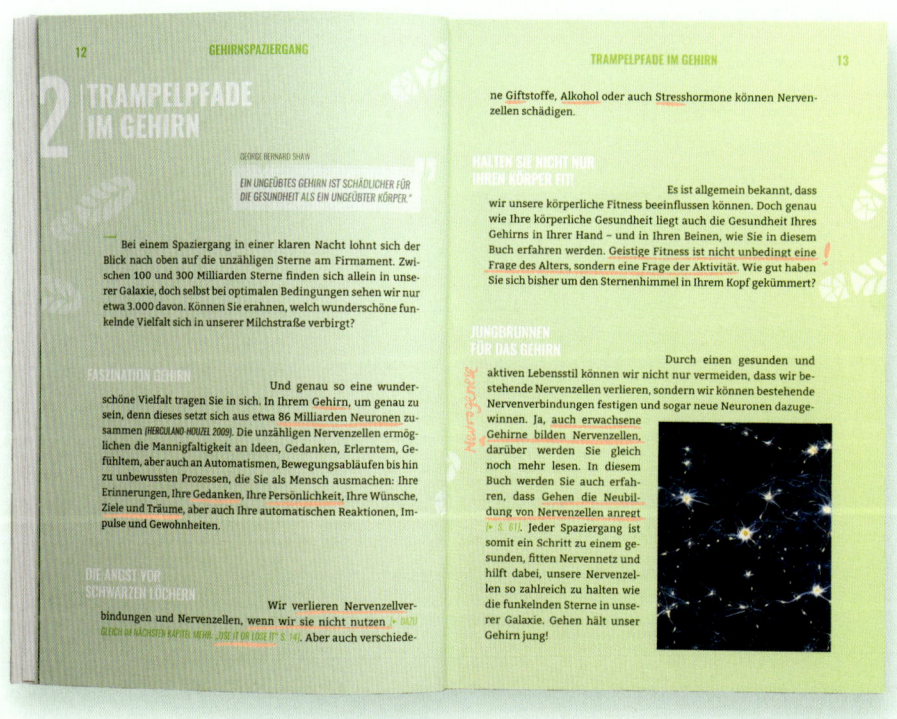

So lernen Mediziner: Eine Doppelseite aus „Innere Medizin" von Heiner Greten (Thieme Verlag):

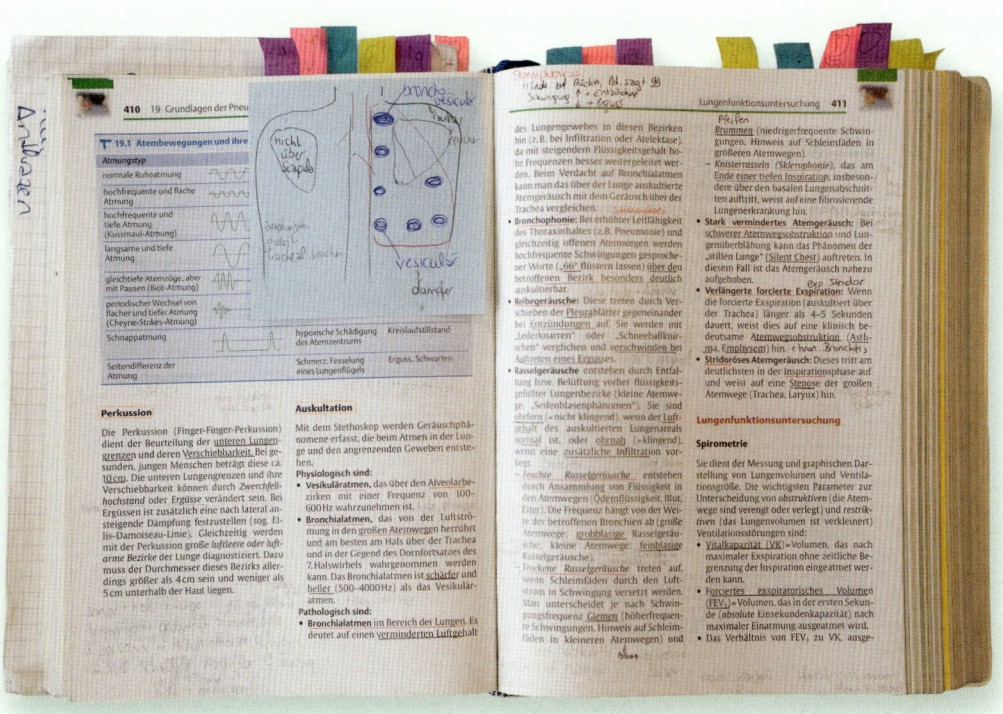

WENIGER IST MEHR: INFOKARTEN STATT ZUSAMMENFASSUNGEN

Aus Zeitgründen werden Sie es nicht schaffen, alle für Sie wichtigen Inhalte in eigenen Texten zusammenzufassen. Das Schreiben von Zusammenfassungen ist zwar in der Schule eine beliebte und erfolgreiche Lerntechnik, doch sobald die Themengebiete umfangreicher werden, ist diese Gewohnheit einfach zu zeitaufwändig. Die Lösung: Beschränken Sie Ihre Zusammenfassungen auf einzelne Themen. Verfassen Sie Infokarten oder Schummelzettel.

TIPP DIESE METHODE EIGNET SICH BESONDERS, WENN SIE ZU EINEM THEMA VERSCHIEDENE QUELLEN HERANZIEHEN UND KOMBINIEREN WOLLEN (SIEHE AUCH S. 44).

SCHRITT 1: THEMA WÄHLEN

Die Inhalte des gewählten Themas sollten auf eine A4-Seite passen. Sie werden also nicht ganze Bücher auf einmal bearbeiten können. Wählen Sie für einen Infozettel ein eindeutiges kompaktes Thema beziehungsweise Überbegriffe aus.

SCHRITT 2: RECHERCHEARBEIT

Machen Sie sich auf die Suche nach wissenswerten Informationen zu Ihrem Thema. Dazu können Sie die Methode des Fragenstellens (siehe S. 54) nützen.

SCHRITT 3:
INFOZETTEL FÜLLEN

Finden Sie eine Struktur für Ihren Infozettel und formulieren Sie Überschriften. Sortieren Sie gefundene Informationen beispielweise thematisch oder chronologisch.

SCHRITT 4:
INFOZETTEL GESTALTEN

Sie werden sich die Inhalte Ihres Infozettels später besser merken, wenn sie abschließend noch Farben, Symbole oder Abbildungen einfügen.

TIPP DIGITAL ODER ANALOG – PROBIEREN SIE BEIDES AUS! SIE KÖNNEN IHRE INFOZETTEL AM COMPUTER ERSTELLEN ODER AUF PAPIER ARBEITEN. GERADE DIE ABWECHSLUNG HILFT IHREM GEHIRN, INHALTE AUSEINANDERZUHALTEN UND SIE WERDEN HERAUSFINDEN, WELCHER WEG IHNEN PERSÖNLICH BESSER GEFÄLLT.

ZUSATZ-TIPP WERFEN SIE IHREN PERFEKTIONISMUS ÜBER BORD! SIE VERFASSEN EINE INFOKARTE, KEIN LEHRBUCH! LASSEN SIE DEN ANSPRUCH AUF VOLLSTÄNDIGKEIT LOS. FARBEN UND SYMBOLE WERDEN IHNEN SPÄTER BEIM EINPRÄGEN BEHILFLICH SEIN, OHNE DASS ES SICH UM KOMPLETTE ILLUSTRATIONEN UND AUFWÄNDIGE GESTALTUNGEN HANDELT.

BEISPIEL

INFOSEITE ZUM LICHT

Eine Einsteiger-Infokarte zum Thema „Was ist Licht" könnte so aussehen:

LICHT
ELEKTROMAGNETISCHES SPEKTRUM

GAMMA   RÖNTGEN   UV   SICHTBAR   IR   MIKROW.   RADIO

ISAAC NEWTON   CHRISTIAAN HUYGENS

STRAHLEN   WELLEN

BRECHUNG   BEUGUNG
REFLEXION   INTERFERENZEN

PLANCK + EINSTEIN

PHOTONEN

QUANTENELEKTRODYNAMIK

4 B   4 C

5 B   5 C

6 B   6 C

7 B   7 C

LANDKARTEN FÜR GEDANKEN: MINDMAPS ENTSTEHEN

Im Jahr 2000 durfte ich Tony Buzan im Rahmen der Gedächtnis-
weltmeisterschaft kennenlernen. Er verfolgte die Idee, anstelle
von Höchstleistungen des Körpers, Höchstleistungen des Gehirns
im Wettkampf zu fordern und initiierte zahlreiche Wettbewerbe,
in denen sich schlaue Köpfe in Schnelllesen, Kreativität und Ge-
dächtnisleistung messen konnten.

Auf der Suche nach Methoden zur Förderung der Gehirnleistung
entwickelte Tony Buzan die Methode des Mind-Mapping.

Eine Mind-Map entsteht auf einem glatten Blatt Papier. Ausge-
hend von einem zentralen Thema verzweigen sich Äste und Sei-
tenäste. So ist es einerseits möglich, assoziativ neue Ideen zu
verfolgen und gleichzeitig Inhalte zu strukturieren und zu organisieren. Die Hauptäste geben Kategorien und Unterthemen vor.
Mindmaps eignen sich daher gut für Themen, zu denen Sie aus
verschiedenen Quellen recherchieren wollen.

INSPIRATION FÜR IHRE MIND-MAP

Schreiben Sie Ihr Thema in die Mitte eines Papiers in Quer-
format und umkreisen Sie diesen Titel.

— Lassen Sie Hauptthemen als Hauptäste von der Mitte aus ausstrahlen. Verwenden Sie dafür Schlüsselwörter anstatt ganzer Phrasen oder Sätze und drehen Sie das Blatt nicht beim Schreiben, damit immer alle Begriffe gut lesbar sind.

— Äste und Beschriftungen sind größer, je näher sie beim Zentrum sind und verjüngen sich nach außen.

— Farben helfen Ihnen, Ihre Mindmap zu strukturieren. Es gibt ein wiederkehrendes Thema, das in mehreren Ästen vorkommt? Verwenden Sie für diese Verzweigung immer eine bestimmte Farbe.

— Querverbindungen oder wiederkehrende Themen können Sie auch einfach mit Pfeilen oder Verbindungsästen markieren.

— Auch wenn Sie kein geborener Künstler sind: Nützen Sie die Macht der Bilder und zeichnen Sie kleine Symbole oder Skizzen zu einzelnen Ästen oder Seitenästen. Sie werden merken, wie gut sie so in Erinnerung bleiben. Auch das Thema im Zentrum können Sie nach Lust und Laune künstlerisch gestalten.

TIPP ES GIBT MITTLERWEILE ZAHLREICHE, TEILS AUCH KOSTENFREIE, PROGRAMME, MIT DENEN SIE IHRE MIND-MAP AUCH AM COMPUTER ERSTELLEN KÖNNEN.

BEISPIEL

OBST ODER GEMÜSE?

Wussten Sie, dass Tomaten botanisch gesehen zum Obst und nicht zum Gemüse zählen? Ich nicht. Um mir einen Überblick über diesen Wissensbereich zu verschaffen, ist folgende Mindmap entstanden:

BEERENOBST

Johannisbeere
Preiselbeere
Stachelbeere

Früchte oder Samen von Bäumen und Sträuchern mehrjährige Pflanze meist roh verzehrt süßlich bis säuerlich hochkalorisch

STEINOBST

Nektarine
Kirsche
Zwetschke

OBST-ARTEN

KERNOBST

Apfel
Birne

OBST ODER GEMÜSE

VOM FRUCHTAUFBAU KEINE BEERE

also botanisch keine Beere

SCHALENOBST

Nussfrüchte – Fruchtwand verholzt Schalenobst – Fruchtkern verholzt

SÜDFRÜCHTE

Zitrusfrüchte

SAMMELSTEIN-FRÜCHTE

Brombeere
Himbeere

SAMMELNUSS-FRÜCHTE

Erdbeere

Eigenschaften von
Obst und Gemüse

**LEBENSMITTELDEFINITION:
GEMÜSE**

da aus einjähriger Pflanze
fehlende Süße

**NACHTSCHATTEN-
GEWÄCHSE**

Tomate
Aubergine
Paprika

Gurke
Melone
Zucchini

FRUCHTGEMÜSE

BOTANISCH: OBST

da aus befruchteten Blättern
alles Beeren

Pflanzenteile wie Blätter,
Wurzeln, Stängel oder Knollen
von krautigen Pflanzen
meist einjährige Pflanze
meist gekocht verzehrt
meist ohne intensiven Geschmack
viele Ballaststoffe

**STÄNGEL- UND
SPROSSENGEMÜSE**

Kohlrabi
Rhabarber
Spargel

SAMENGEMÜSE

Bohnen
Erbsen
Zuckermais

**GEMÜSE-
ARTEN**

WILDGEMÜSE

Brennessel
Löwenzahn

**WURZEL- UND
KNOLLENGEMÜSE**

Kartoffel
Rettich
Radieschen

**ZWIEBEL-
GEMÜSE**

Knoblauch
Porree
Zwiebel

BLATTGEMÜSE

Spinatgemüse
Kohlgemüse
Salat

BLÜTENGEMÜSE

Artischocke
Blumenkohl
Brokkoli

VON PUNKT ZU PUNKT: AUFLISTUNGEN

Fachtexte sind im Sinne der Lesbarkeit als Fließtext verfasst. Wenn Sie sich die Inhalte merken möchten, verwandeln Sie einzelne Textabschnitte in Listen.

SCHRITT 1: AUFZÄHLUNGEN BESSER SICHTBAR MACHEN

Achten Sie beim Lesen besonders auf Aufzählungen, die sich in Fließtexten verstecken. Filtern Sie diese Listen und schreiben Sie sie auf. So können Sie die Punkte später leichter im Kopf behalten.

Möglichkeit 1: Im Text nummerieren

Sie können kurze Listen direkt im Text nummerieren. Schreiben Sie dazu einfach kleine Zahlen über die einzelnen Punkte.

Möglichkeit 2: Aufschreiben

Längere oder besonders wichtige Listen wollen Sie vielleicht übersichtlich untereinander notieren. Reduzieren Sie dafür die Listenelemente auf die entscheidenden Schlagwörter. Ihre Lernliste soll einer Einkaufsliste ähneln und vor allem eines sein: kurz und prägnant!

SCHRITT 2:
KÜRZEN SIE IHRE LISTE

Lassen Sie die Listen nicht zu lang werden! 5-7 Elemente pro Liste sind optimal, spätestens bei zehn Listenpunkten sollten Sie sich überlegen, wie sich die Liste reduzieren lässt. Nehmen Sie beispielsweise nur die wichtigsten Elemente oder teilen sie die Listen in zwei Unterthemen auf.

SCHRITT 3:
GEBEN SIE IHRER
LISTE EINEN NAMEN

Ein aussagekräftiger Titel hilft Ihnen, die Listenpunkte gedanklich zuzuordnen.

TIPP   INTEGRIEREN SIE DIE ANZAHL DER LISTENPUNKTE IN IHREN TITEL. „DIE 3 WICHTIGSTEN BESTANDTEILE VON ..." ODER „5 VORTEILE VON ..." SIE WERDEN MERKEN, DAS HILFT IHNEN SPÄTER IN DER EINPRÄGE-PHASE. TIPPS FÜR DAS MERKEN VON LISTEN FINDEN SIE IM NÄCHSTEN KAPITEL!

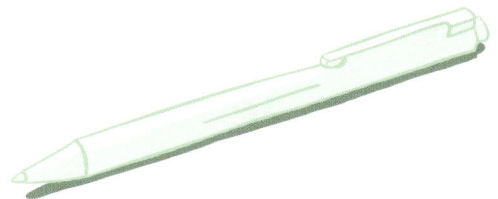

BEISPIEL

STROMKREIS

Das Lehrbuch liefert die Information im Fließtext:

Strom fließt in einem elektrischen Stromkreis. Ein Stromkreis benö-
tigt eine Stromquelle aus Gleichspannung (z. B.: Batterie) oder Wech-
selspannung (z. B.: Stromnetz) sowie einen Verbraucher. Verbunden
sind sie über einen Leiter, der optional durch einen Schalter unter-
brochen werden kann.

MÖGLICHKEIT 1:
DIE AUFLISTUNG WIRD
IM TEXT NUMMERIERT

Strom fließt in einem elektrischen Stromkreis.
Ein Stromkreis benötigt eine ¹Stromquelle
aus Gleichspannung (z.B.: Batterie) oder
Wechselspannung (z.B.: Stromnetz) sowie
einen ²Verbraucher. Verbunden sind sie
über einen ³Leiter, der optional durch
einen (4)Schalter unterbrochen werden kann.

MÖGLICHKEIT 2:
DIE AUFLISTUNG ALS LISTE

4 Bestandteile eines Stromkreises

1. Quelle

2. Verbraucher

3. Leiter

(4. Schalter)

BILDGESCHICHTEN FÜR ERWACHSENE

Fassen Sie einen Text doch einmal in Bildern statt in Worten zusammen. Dazu müssen Sie nicht künstlerisch begabt sein – es geht schließlich nicht darum, komplexe Zeichnungen zu entwerfen. Gesucht sind lediglich einzelne Symbole, die beim Lernen helfen.

Diese Lernmethode eignet sich besonders für kurze Texte bzw. Textabschnitte. Wählen Sie einen Text, der in etwa ein bis zwei Seiten lang ist.

SCHRITT 1: ÜBERBLICK

Lesen Sie sich den Text zunächst einmal komplett durch, um sich einen ersten Überblick verschaffen und etwaige Verständnisfragen für sich klären zu können. Sie können natürlich Passagen und Inhalte unterstreichen oder Notizen machen.

SCHRITT 2: KERNBOTSCHAFTEN

Filtern Sie die fünf bis sieben wichtigsten Botschaften in Ihrem Text heraus! Worum geht es? Welche fünf Aussagen halten Sie für besonders wichtig? Schreiben Sie diese fünf Gedanken auf – in Form von Schlüsselwörtern oder kurzen Phrasen.

SCHRITT 3:
SYMBOLE

Nun kommen wir zum entscheidenden Schritt. Ab jetzt wird nicht mehr geschrieben, sondern gezeichnet! Finden Sie fünf Symbole oder kleine Skizzen für die fünf zentralen Gedanken Ihres Textes. Wandeln Sie die fünf Hauptaussagen in kleine Bilder um.

SCHRITT 4:
ERINNERN

Legen Sie den Text zur Seite und versuchen Sie so viele Inhalte wie möglich wiederzugeben. Ihre Zeichnung dient Ihnen dabei als Gedächtnisstütze: Woran können Sie sich erinnern?

BEISPIEL

DAS LEBEN VON JOHANN WOLFGANG VON GOETHE

Aus einer Kurzbiographie von Johann Wolfgang von Goethe könnte man die folgenden Schlüsselinformationen ziehen:

1. *Periode Sturm und Drang*
2. *Selbstmord eines Freundes, schreibt die Leiden des jungen Werthers*
3. *Entdeckt den Zwischenkieferknochen*
4. *Weimar, Staatsmann, setzt sich für Urheberrecht ein*
5. *Trifft Schiller, sie schreiben parallel an Balladen*
6. *Entwickelt die Farbenlehre*
7. *Schreibt gegen Ende seines Lebens Faust 1 und 2*

MÖGLICHE SYMBOLE

1.

2.

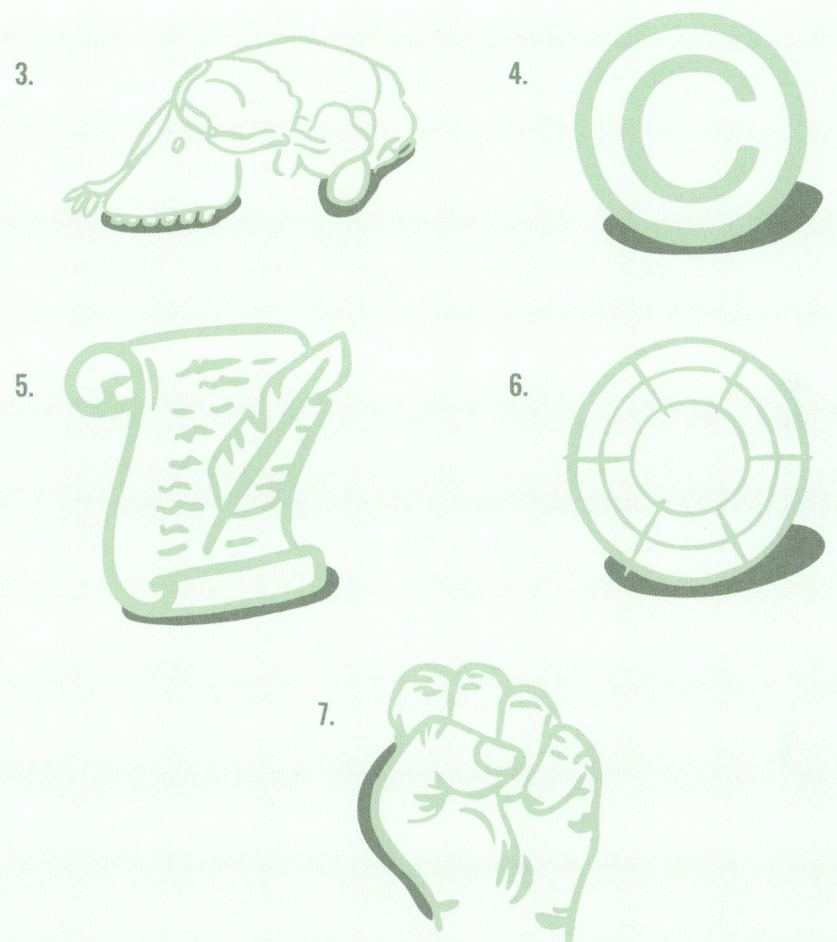

Probieren Sie es aus! Verdecken Sie die Liste und betrachten Sie nur die sieben Symbole, was können Sie über das Leben Goethes berichten?

REISEN ENTLANG
IHRES ZEITSTREIFENS

Waren Mozart und Goethe Zeitgenossen? Lag die Epoche der Renaissance vor oder nach dem Barock? Welche britische Königin regierte zu Zeiten Shakespeares?

Vom Büffeln einzelner Jahreszahlen – welche man anschließend oft ohnehin wieder vergisst – erhält man noch lange keinen Überblick über historische Ereignisse, überraschende Parallelen und sich gegenseitig beeinflussende Zeitgenossen.

Geschichte versteht man mithilfe von Zeitstreifen. Egal, ob Sie Rechtsgeschichte, Kunst, Literatur oder Architektur interessiert: gestalten Sie einen Zeitstreifen und stellen Sie relevante Bereiche optisch da.

SCHRITT 1:
EIN BLANKO-
ZEITSTREIFEN ENTSTEHT

Festlegen des Zeitrahmens
Beginnen Sie schon in der Urgeschichte, mit Christi Geburt, in der Neuzeit oder wählen Sie das letzte Jahrhundert? Überlegen Sie, welche Perioden Sie darstellen möchten.

Entscheidung für eine Skala
Sie selbst bestimmen, wie detailliert Ihr Zeitstreifen wird. Ab der Neuzeit hat sich eine Einteilung des Zeitstreifens in Jahrzehnte bewährt. Da über frühere Perioden weniger Details

bekannt sind, können hier auch größere Einheiten gewählt werden. Sie möchten in die Tiefe gehen? Natürlich können Sie Ihren Zeitstreifen auch feiner strukturieren und jährliche Markierungen anbringen.

Aus Jahren werden Zentimeter

Jetzt können Sie Ihren Zeitstreifen auf Papier übertragen, oder natürlich auch auf Ihre Zimmerwand ...

Zeichnen Sie Ihren Zeitstreifen so lange Sie möchten und beschriften Sie Ihn mit Ihrer gewählten Skala.

Wenn Sie das Papierformat A4 quer verwenden und den Zeitstreifen über die Längsseite malen, können Sie alle 2,5 cm ein Jahrzehnt notieren.

SCHRITT 2:
DER ZEITSTREIFEN BEKOMMT
EINEN SCHWERPUNKT

Thematische Eingrenzung

Bestimmen Sie, welche Themen in Ihrem Zeitstreifen behandelt werden und wie Sie die Ereignisse sortieren wollen.

Es gibt zahlreiche mögliche thematische Schwerpunkte. Welche wollen Sie festhalten? Ich gebe Ihnen nachfolgend Anregungen mit auf den Weg, die Sie gerne erweitern oder abändern können:

Ereignisse der Weltgeschichte	Wissenschaft und Technik
Politik	Entdeckungen
Gesetzgebung	Erfindungen
Herrscher	Gesundheit und
Kriege	Medizin

Kunst und Kultur   **Alltagsleben**
  Philosophie   Bevölkerung
  Literatur   Religion
  Musik   Erziehung
  Malerei und Skulptur   Landwirtschaft
  Architektur   Essen und Trinken
            Kommunikation
  ...   Verkehr
            Unterhaltung

Geographische Eingrenzung

Welche Region oder Regionen interessieren Sie? Wollen Sie den Fokus auf eine bestimmte Stadt oder Gegend richten oder Entwicklungen im ganzen deutschsprachigen Raum festhalten? Wenn Sie den großen Überblick suchen ist natürlich auch ein Blick auf weitere europäische Länder möglich und auch weltweite Ereignisse haben in Ihrem Zeitstreifen Platz.

Überblick ist Frage des Designs

Layout und Farben ermöglichen selbst einen komplexen Zeitstreifen übersichtlich zu gestalten.

Legen Sie für jeden Schwerpunkt eine bestimmte Farbe fest. Wenn Sie sich für Kunst und Kultur interessieren, können Sie beispielsweise die Farbe Rot für Musik, Blau für Literatur und Violett für Malerei festlegen.

Auch die räumliche Gestaltung auf Ihrem Papier kann Ihnen helfen, eine Übersicht zu gestalten. Wenn Sie den Zeitstreifen in die Mitte des Papiers zeichnen, können Sie die Bereiche über bzw. unter dem Zeitstreifen für unterschiedliche Themen nützen. So kommen etwa über den Zeitstreifen alle Ereignisse im deutschsprachigen Raum, darunter der Themenbereich Weltgeschehen, usw.

SCHRITT 3:
DER ZEITSTREIFEN FÜLLT SICH

Jetzt geht es los! Holen Sie sich aus Büchern, Skripten und dem Internet die Informationen, die Ihnen wichtig sind. Am besten unterscheiden Sie beim Füllen Ihres Zeitstreifens zwischen Perioden und punktuellen Ereignissen:

Perioden eintragen

Sie wollen in Ihrem Zeitstreifen berühmte Persönlichkeiten auftauchen lassen? Recherchieren Sie Geburts- und Sterbejahr und tragen Sie so die Lebenszeiten direkt in den Zeitstreifen ein.

Historische Ereignisse lassen sich häufig besser als Periode eintragen. Markieren Sie Anfangs- und Endjahre von Kriegen oder Revolutionen.

Punktuelle Ereignisse festhalten

Beschränken Sie sich bei punktuellen Ereignissen auf die wichtigsten Jahreszahlen, so bleibt der Zeitstreifen übersichtlich. Sie können punktuelle Ereignisse direkt einzeichnen, bewährt haben sich auch kleine Haftnotizzettel in Pfeilform.

SCHRITT 4:
DER ZEITSTREIFEN
WIRD LEBENDIG

Mit Bildern, kleinen Fotos oder Skizzen machen Sie Ihren Zeitstreifen lebendig. Diese bildhaften Elemente helfen Ihnen dabei, Parallelen zu erkennen und einen Überblick über die Geschehnisse zu erhalten. Außerdem werden Sie merken, wie sehr diese kleinen Bilder Ihr Gedächtnis unterstützen.

BEISPIEL

DAS 18. JAHRHUNDERT

Dieser Zeitstreifen soll einen Überblick über das 18. Jahrhundert geben. Farblich unterschiedlich gestaltet sind die Themen Ereignisse, Literatur, Musik, Kunst und Entdeckungen.

PETER DER GROSSE | Elisa-beth | KATHARINA DIE GROSSE

Nordischer Krieg

Karl VI. | MARIA THERESIA | 1741

Soldatenkönig | FRIEDRICH II. DER GROSSE | 1740 | PREUSSEN

1700   1710   1720   1730   1740   1750

Antoine Galland:
1001 Nacht

IMMANUEL KANT

Voltaire
Rousseau
Defoe: Robinson Crusoe
Swift: Gullivers Reisen

AUFKLÄRUNG

J. S. BACH
Brandenburger Konzerte,
Matthäus-Passion

Händel: Wassermusik, Messias
Dvorak, Telemann
Vivaldi: 4 Jahreszeiten

BAROCK | ROKOKO

NL > Osterinsel | JAMES COOK
Halley: Taucherglocke | Linné: Tiere/Pflanzen/Steine

AUFKLÄRUNG

GEORGE WASHINGTON   1776: Unabhängigkeitserklärung

👑 1762

OLYMPE DE GOUGE   Erklärung der Rechte
der Frauen

Franz. Revolution
1789–1799

ROBESPIERRE

1789: Bastille   Terrorherrschaft

7-jähriger Krieg
1756–1763   Josef II.

1760   1770   1780   1790   1800 ➤

J. W. V. GOETHE   Leiden Werther   Berlichingen   Räuber   Faust 1   Faust 2

F. SCHILLER

Hölderlin:
Hyperion

⊢——— STURM UND DRANG ——⊢⊢——— WEIMARER KLASSIK ———

LESSING   Emilia Galotti

W. A. MOZART

⊢————— KLASSIZISMUS —————⊢

Europa
Pockenimpfung
„ ENDEAVOR" AUSTRALIEN > GB   Dr. Jenner

Benjamin Franklin ⚡   James Watt ☁

STUMME KARTEN
SPRECHEN LASSEN

Vor Jahren war ich in Wien morgens mit der U-Bahn unterwegs zu einem Termin. Hinter mir bereitete ein Vater seinen Sohn auf das angekündigte Hauptstädte-Quiz vor. Ziemlich fehlerfrei sagte der Schüler zahlreiche Hauptstädte Europas auf: „Ungarn – Budapest, Italien – Rom, Lissabon – Portugal …" Er stockte und fragte nach: „Sag, was ist da eigentlich das Land und was die Stadt?"

Für das Hauptstädte-Quiz war es wahrscheinlich egal, ob er Stadt von Land unterscheiden konnte. Doch wenn ich mich in Europa auskennen möchte, brauche ich mehr als auswendig gelernte Städtenamen.

Ohne Landkarte können wir Geografie nicht verstehen. Sie wollen sich in der Welt besser orientieren können? Dann zeichnen Sie sich Ihre Welt!

SCHRITT 1:
NOCH IST DIE
LANDKARTE STUMM

Eine stumme Landkarte ist eine Karte ohne Beschriftungen. Je nach Detailgenauigkeiten sehen Sie Küstenlinien, Grenzen, Flüsse, Seen, usw.

Je größer Ihre stumme Karte, desto mehr Details können Sie später eintragen und überblicken. Entscheiden Sie sich für eine Region, ein Land oder einen Kontinent. Natürlich können Sie aber auch eine ganze Weltkarte als Ausgangspunkt nehmen.

Ihre stumme Karte entsteht, indem Sie die entsprechenden Konturen von einer Landkarte abpausen, etwa mit Kohlepapier. Wer Zeit und Mühe sparen möchte, findet im Internet zahlreiche Karten zum Herunterladen und ausdrucken. Suchen Sie einfach mit den Schlagworten der gewünschten Region sowie dem Zusatz „stumme Karte" und aktivieren Sie die Bildsuche.

SCHRITT 2: FINDEN SIE IHRE INTERESSEN

Welchen Schwerpunkt wollen Sie Ihrer Karte geben? Die folgenden Themen könnten Sie interessieren:

Grenzen
Länder
Städte

Formationen
Gebirge
Schluchten
Vulkane

Gewässer
Flüsse
Wasserfälle
Seen
Meere

Landschaften
Klima
Bodenarten
Pflanzen
Tiere

Menschen
Bevölkerungsdichte
Einkommen
Religionen

Bauwerke
Brücken
Häuser
Kirchen

Historisch
Schauplätze
historischer Ereignisse
Entstehungsorte
kultureller Werke
Frühere Ländergrenzen

SCHRITT 3:
FARBEN UND
SYMBOLE FINDEN

— Farben festlegen

Überlegen Sie sich einen geeigneten Farbcode. Sollten Sie bereits für einen Zeitstreifen farbliche Zuordnungen verwendet haben, bleiben Sie – wo möglich – bei den gewählten Zuordnungen.

— Symbole entwickeln

Sie können Ihre Karte übersichtlich und platzsparend beschriften, wenn Sie für wiederkehrende Themen kleine Symbole entwickeln.

Hier ein paar Vorschläge:

   Berg

   Vulkan

   Fluss

     Hauptstadt

   Brücke

   Tunnel

 Kirche

Schlacht

SCHRITT 4:
BRINGEN SIE IHRE
KARTE ZUM SPRECHEN

Tragen Sie nun alle für Sie relevanten Themen in Ihre stumme Karte ein. Verwenden Sie Ihre Symbole und Farben. Haftnotizzettel in Pfeilform helfen Ihnen dabei, Ihre Landkarte flexibel anzupassen und zu gestalten.

BEISPIEL

EINE WELTKARTE DER EXTREME

Ich habe für diese Weltkarte nach Extremen gesucht:
mächtigste Wasserfälle,
höchste Brücken,
längste Flüsse …

GRÖNLAND
2,1 Mio km²
größte Insel
geringste Baudichte

SUURHUS
schiefster Tu
5 Grad Neigu

DETTIFOSS
mächtigster
Wasserfall Europas
200 m³/s

ALASKA
1867 7,2 Mio $ von
Russland erworben

**KARL-MARX-
HOF (WIEN)**
längstes Haus
1,1 km lang

PETERSDOM
größte Kirche

DENALI
höchster Berg NA
6190 m

KANADA
10 Mio km²

OBERER SEE
größter See NA
83.000 km²

NIAGARA
mächtigsten
Wasserfälle NA
2400 m³/s

**GOTTHARD
BASISTUNNEL**
längster Tunnel

MONACO
größte Bevölkerungs-
dichte
28.648 EW/km²

JET D'EAU GENF
höchster Spring-
brunnen

GRAND CANYON
tiefste Schlucht
450 km
1860 m

USA
320 Mio EW
50 Staaten

NORDAMERIKA
24 Mio km²
570 Mio EW

MISSISSIPPI
längster Fluss NA
5.900 km

ATLANTIK
76,8 Mio km²

**LISSABON
PONTE**
längste Brücke
Europas
17 km

MAMMOTH CAVE
längste Höhle
628 km

**OLO'UPENA
FALLS**
900 m

HAWAII
1959 50. Staat

**L. PONTCHARTRAIN
CAUSEWAY**
längste Brücke über Wasser
38 km

PUERTO RICO GRABEN
Milwaukeetief
8.380 m

**ALGER
größter
Afrika
2,4 Mio

AFRIKA
30 Mio km²
1100 Mio EW
2000 Sprachen

LAS VEGAS
höchstes Riesenrad
167m

**MEXIKO
STADT**
8,9 Mio EW

KILAUEA

MAUNA KEA
höchster Berg
ab Meeresboden
10.203 m

SALTO ÁNGEL
höchster Wasserfall
980 m

PANAMAKANAL
77 km

AMAZONAS
6500 km
wasserreichster Fluss

POROROCA
8 m
Tidenwelle

NIGERI
bevölkerungsr
ter Staat Af
186 Mio

PAZIFIK
155 Mio km²

GALAPOSINSELN
(Ecuador)

LA RINCONADA
höchste Stadt

BRASILIEN
8,5 Mio km²
204 Mio EW
Hauptstadt Brasilia

MARAJÓ
größte Flussinsel
der Welt

TITICACA-SEE
größter See SA
8.370 km

ARICA
trockenster Ort

SAO PAULO
12 Mio EW

TRISTAN DA CUN
250 EW

SÜDAMERIKA
17,8 Mio km²
410 Mio EW

ACONCAGUA
höchster Berg SA
6900 m

ATACAMA
trockenste Wüste

**FEUERLAND
INSELN**
1982 Invasion durch
Argentnien

FEUERLAND
größte Insel SA
48.000 km²

EUROPA
10,5 Mio km²
740 Mio EW

JAKUTSK
kälteste Stadt
-67,8 °C

ASIEN
43,6 Mio km²
4.400 Mio EW

NNUFOSSEN
ster Wasserfall
Europas
860 m

JENISSEI
friert im Winter
50 km ein

RUSSLAND
größtes Land
4 Mio km²
110 Mio EW

LADOGASEE
größter See Europas
18000 km²

FEDERAZIJA
höchstes Bauwerk
Europas
373 m

BAIKALSEE
tiefster See
1642 m

WOLGA
längster Fluss
Europas
3.600 km

HANNOKI
höchster Wasserfall
Asiens
500 m

SIDUHE-BRÜCKE
höchste Brücke
496 m

ATIKAN
nster Staat
0,44 km²

**KASPISCHES
MEER**
größter See
3.700.000 km²

3-SCHLUCHTEN-DAMM
produktivster Stausee
84 TWh

JAPAN
6.800 Inseln

TOKYO
bevölkerungs-
reichste Stadt
38 Mio EW

**DANYANG-KUNS-
HAN-BRÜCKE**
längste Brücke
164,8 km
Peking–Shanghai

BURJ KHALIFA
höchstes Bauwerk
828 m

JANGTSEKIANG
längster Fluss Asien
6,380 km

CHINA
bevölkerungs-
reichstes Land
1370 Mio EW

HARA
e Wüste
e km²

KAIRO
bevölkerungsreichste
Stadt Afrikas
20,5 Mio EW

TOTES MEER
tiefster Punkt
-428 m

**MOUNT
EVEREST**
höchster Berg
8.848 m

SHANGHAI
26,3 Mio EW

MARIANENGRABEN
tiefster Graben
10.900 m

NIL
längster Fluss
6.700 km

ROTES MEER
30 °C

MUMBAI
lauteste Stadt

HONGKONG
dichtesten besiedelt

**MOUNT
WILHELM**
größter Berg
Ozeaniens
4500 m

NAURU
21 km²
kleinster Inselstaat

VICTORIASEE
größter See Afrikas
70.000 km²

INDONESIEN
17.508 Inseln
150 Vulkane

BORNEO
größte Insel Asiens
750.000 km²

SERENGETI
Massenwanderung
1 Mio Gnus

KILIMANDSCHARO
höchster Berg Afrikas
5.900 m

MEKONGFÄLLE
mächtigsten
Wasserfälle
11600 m³/s

JAVA
bevölkerungs-
reichste Insel
140 Mio EW

SARAWAK
größte Höhle

MADAGASKAR
größte Insel Afrikas
580.800 km²

INDISCHER OZEAN
68,5 Mio km²

SUNDAGRABEN
7.200 m

AUSTRALIEN
7,7 Mio km²
24,3 Mio EW
Zug 65 Stunden

**MURRAY-
DARLING**
längster Fluss
Ozeaniens
3.700 km

VICTORIA FALLS
mächtigster
Wasserfall Afrikas
1000 m³/s

ABU DHABI
schnellste
Achterbahn
240 km²/h

EYRESEE
größter See
Ozeaniens
9.500 km

SYDNEY
bevölkerungs-
reichste Stadt
Ozeaniens
5 Mio EW

RACHEN-
UCHLOCH
ißter unter-
discher See
2,6 ha

TUGELA FALLS
höchster Wasserfall Afrikas
950 m

**AUSTRALIEN +
OZEANIEN**
8 Mio km²
40 Mio EW
11 Zeitzonen

DIE MACHT VON
GESCHICHTEN NÜTZEN

Geschichten bleiben uns leichter in Erinnerung als einzelne Daten und Fakten. Wir können Geschichten, Erzählungen und eigene Erlebnisse nützen, um unser Allgemeinwissen zu erweitern.

Erfindungen werden greifbarer, wenn der Entdecker erzählt, wie er auf die bahnbrechende Idee gekommen ist.

Über Sir Isaac Newton wird berichtet, dass ihn ein vom Baum fallender Apfel zu seinen Überlegungen über Schwerkraft und Gravitation im Weltall inspirierte. Und Archimedes rief „Heureka", als er in der Badewanne das Archimedische Prinzip entdeckte – wo ein Körper ist, kann kein anderer sein. Darum verdrängt ein Körper beispielsweise in der Badewanne Wasser und lässt das Wasser steigen.

Historische Ereignisse werden durch die Lebensgeschichte der beteiligten Personen lebendig und Werke von Künstlern und Schriftstellern nachvollziehbarer, wenn man weiß, wann und nach welchen Erlebnissen sie geschrieben wurden.

SCHRITT 1:
BEGEBEN SIE SICH AUF
SUCHE NACH GESCHICHTEN
Vorlesungen

Geschichten, Anekdoten und persönliche Erfahrungen machen Vorlesungen besonders wertvoll. Natürlich können Sie viele Informationen auch aus dem Buch lernen – durch die Erzählungen des Vortragenden werden Sie aber greifbarer und zu nachvollziehbaren Geschichten.

Biografien

Lebensgeschichten gibt es in vielen Formen und Facetten: In ausführlichen Büchern können Sie tief in die Erfahrungswelt von Persönlichkeiten eintauchen. Begeben Sie sich auch auf die Suche nach Kurzbiographien, etwa in Form von Hörbüchern, Podcasts oder Kurz-Portraits.

Interviews

Wie wäre es, wenn Sie sich eine wichtige Erfindung direkt vom Entdecker erklären lassen könnten? Nützen Sie die Chance und widmen Sie sich Interviews mit Experten.

Dokumentationen

Eine Forschungsreise hinterlässt in unserem Gedächtnis zahlreiche Erinnerungsspuren. Aber nicht immer ist es möglich, selbst auf Reisen zu gehen. Zahlreiche Dokumentationen und Kurzberichte ermöglichen einem Reise ganz bequem vom Wohnzimmer aus.

Erzählungen von anderen

Wo waren Sie, als Sie gehört haben, dass Lady Diana gestorben ist? Von wem haben Sie am 11. September erfahren, dass in New York ein Flugzeug in das World Trade Center geflogen ist? Große Ereignisse führen zu lebhaften Erinnerungen – dazu müssen wir gar nicht live dabei sein. Es genügt, wenn uns jemand davon erzählt. Tauschen Sie mit Ihrem Umfeld persönliche Erinnerungen und Geschichten aus.

SCHRITT 2:
WIDMEN SIE SICH
DEN GESCHICHTEN
BEWUSST UND AKTIV

Natürlich sind Geschichten am einprägsamsten, wenn wir sie selbst erleben. Fremde Geschichten können nur zu uns durchdringen, wenn wir uns wirklich auf die Erzählung einlassen.

Stellen Sie sich während der Geschichte die Frage: Was nehme ich mir von dieser Geschichte mit? Was möchte ich, dass hängen bleibt? Das kann ein Satz sein, ein Wort oder vielleicht ein Bild oder eine kleine Skizze.

— Machen Sie sich Notizen

Wo immer es die Situation erlaubt, hören oder lesen Sie mit einem Stift in der Hand und notieren Sie die Informationen, die Ihnen wichtig erscheinen. Auch wenn Sie später keinen Blick mehr auf diese Notizen werfen, wird Ihnen das Notieren helfen, aktiv zuzuhören.

— Finden oder entwickeln Sie ein Bild

Suchen Sie im Internet ein Bild zu dem Ereignis, ein Foto der Person, eine Skizze zum Thema oder zeichnen Sie selbst ein kleines Bild, das den Inhalt für Sie zusammenfasst oder symbolisiert.

BEISPIEL

DIE GESCHICHTE VON LEONARDO DA VINCI

Diese Collage ist anhand der Lebensgeschichte von Leonardo da Vinci entstanden. Seine Arbeit wird lebendig, wenn man erfährt, welche Geschichten zu der langen Entstehung des „letzten Abendmahls" erzählt wird, dass Leonardo seine „Mona Lisa" für sich behalten wollte und dass er Zeit seines Lebens einen großen Traum hatte: zu fliegen.

LEONARDO DA VINCI
1452–1519

RENAISSANCE
Lehrer Verrochio
Malergilde

MONA LISA
will Original behalten
verkauft Kopie für
4.000 Goldflorinen
an franz. König Franz I
jetzt: Louvre

UNIVERSALGENIE

KUNST   WISSENSCHAFT

SFUMATO: MALSTIL

DAS LETZTE ABENDMAHL
kein Modell für Judas?
dauert 10 Jahre

UNEHELICH

PIERRE   KATHARINA
(Notar)   (Bauerstochter)

geheime Spiegelschrift

Traum vom Fliegen

seziert
heimlich

skizziert Baby
im Mutterleib

KARTEIKARTEN: QUALITÄT VOR QUANTITÄT

Haben Sie schon einmal mit Hilfe von Karteikarten gelernt? Karteikarten sind ein großartiges Lern-Werkzeug und das Erstellen von eigenen Karteikarten eine gute Vorbereitung für das anschließende Einprägen von Lerninhalten. Mit Karteikarten kann man flexibel wiederholen: Sie können die Reihenfolge ändern und Karten häufiger wiederholen, die Sie noch nicht so gut beherrschen. Und: Sie können die Karten umdrehen (!), aber dazu später mehr.

Soweit die Theorie. In der Praxis scheitern Karteikartensysteme häufig am anfänglichen Enthusiasmus. Da werden begeistert hunderte Karten beschrieben – die hundertste zugegebenermaßen schon weniger enthusiastisch als die erste, und dann fehlt letztlich die Zeit, mit den Karten zu arbeiten.

Für Karteikarten gilt daher ein wichtiger Leitsatz: Qualität kommt vor Quantität.

Nützen Sie die wichtigste Eigenschaft der Karteikarte: die beiden Seiten! Gestalten Sie die beiden Seiten schon in der Vorbereitung so, dass sich die Karten später zum Einprägen und Wiederholen eignen.

VORDERSEITE – FRAGESEITE

Die Vorderseite gibt Ihnen später den Hinweisreiz, anhand dessen Sie versuchen, sich an die Inhalte der Rückseite zu erinnern. Finden Sie aussagekräftige Hinweisreize.

MÖGLICHE HINWEISREIZE

Frage

Stellen Sie auf der Vorderseite eine Frage. Sie haben ein bestimmtes Lernziel, wie eine Prüfung, Bewerbung oder Quiz? Dann formulieren Sie Fragen, die später tatsächlich gestellt werden könnten.

Schlüsselwort

Auf der Vorderseite kann auch nur ein einziges Wort stehen, das für Sie einen Hinweisreiz für gelernte Inhalte darstellt. Notieren Sie ein Thema oder einen Überbegriff.

Bild

Versuchen Sie einmal eine Vorderseite ganz ohne Worte zu gestalten und machen Sie eine kleine Skizze, ein Symbol oder ein aufgeklebtes Bild zum Hinweisreiz für die Inhalte auf der Rückseite.

RÜCKSEITE – ANTWORTSEITE

Auf der Rückseite darf entscheidend mehr Text stehen. Zumal Sie ansonsten unzählige Karten benötigen, um einzelne Begriffe zu wiederholen.

Sie haben in diesem Kapitel einige Strategien kennengelernt, Wissen übersichtlich darzustellen. Auf Ihrer Karteikarte kann statt einem Kurztext auch eine Mini-Mind-Map oder eine Liste zu finden sein.

Welche Begriffe sind Ihrer Meinung nach als Antwort besonders relevant? Unterstreichen Sie diese oder heben Sie sie farblich hervor. So können Sie beim Wiederholen leichter kontrollieren, ob Sie alle relevanten Begriffe auch aktiv genannt haben.

BEISPIEL

FREMDSPRACHEN-VOKABEL-SCHIFF

Ihre Karteikarten sind mehr als nur eine Ansammlung von einzelnen Details. Nützen Sie die Gelegenheit, zusammengehörige Inhalte auch gemeinsam zu wiederholen. Das zeigt Ihnen auch nachfolgendes Beispiel zum Thema Vokabellernen. Sie benötigen nicht für jeden Begriff eine eigene Karte.

Übrigens: mehr Tipps zum Thema Sprachenlernen finden Sie in meinem Buch „Clever lernen – Sprachen".

VORDERSEITE

RÜCKSEITE

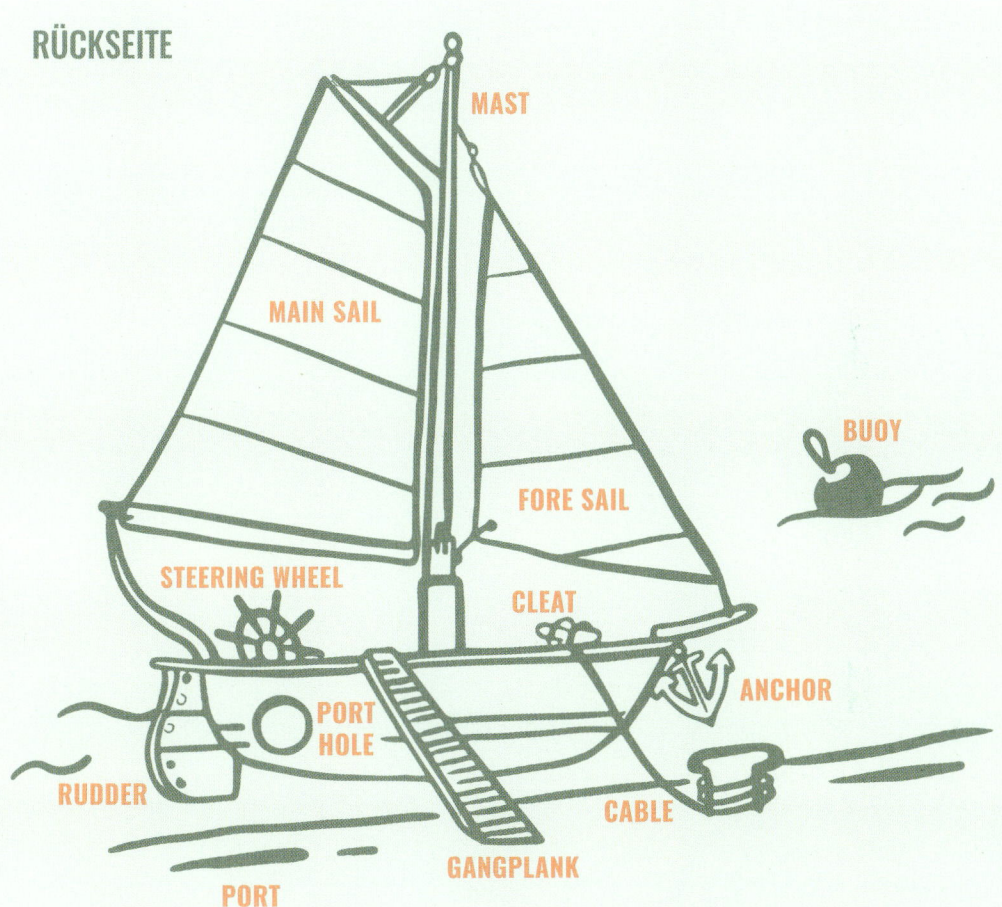

MAST

MAIN SAIL

BUOY

FORE SAIL

STEERING WHEEL

CLEAT

ANCHOR

PORT HOLE

RUDDER

CABLE

PORT

GANGPLANK

SO LERNE
ICH LEICHTER

KURZ UND BÜNDIG:

**LEICHTER LERNEN HEISST
AKTIV WERDEN!**

**BERIESELUNG WAR GESTERN.
LASSEN SIE BEIM LERNEN
DINGE ENTSTEHEN. IHRE
LERNUNTERLAGEN WERDEN
DADURCH WERTVOLLER.**

Sie haben in diesem Kapitel zehn verschiedene Lernstrategien kennengelernt, die Sie nützen können, um neues Wissen zu erarbeiten, Ihren Verständnisprozess in Gang zu setzen und einen Überblick zu finden. Sie können sich in dieser Übersicht eigene Notizen zu den verschiedenen Methoden notieren und erste Eindrücke festhalten. 🙂 Gefällt Ihnen die Idee und können Sie sich vorstellen, die Strategie einzusetzen? 😐 Oder sind Sie der Meinung, dass dieser Weg für Sie nicht zielführend ist? Markieren Sie das entsprechende Symbol – so sehen Sie später auf einen Blick, welche Methoden Sie weiterverfolgen wollen.

Sie haben bereits ein konkretes Lernvorhaben? Dann überlegen Sie sich gleich Themen, für die sich die einzelnen Lernstrategien eignen. Notieren Sie Ihre Ideen, damit Sie auch wirklich den Weg zur Umsetzung finden.

METHODE	MEIN ERSTER EINDRUCK			NOTIZEN, MÖGLICHES ANWENDUNGSGEBIET
Fragen	🙂	😐	🙁	
Nachschlagwerke	🙂	😐	🙁	
Infokarten	🙂	😐	🙁	
Mind-Maps	🙂	😐	🙁	
Listen	🙂	😐	🙁	
Bildgeschichten	🙂	😐	🙁	
Zeitstreifen	🙂	😐	🙁	
Stumme Karten	🙂	😐	🙁	
Geschichten	🙂	😐	🙁	
Karteikarten	🙂	😐	🙁	

JE MEHR WIR IN
UNS AUFNEHMEN,
UMSO GRÖSSER
WIRD UNSER GEISTIGES
FASSUNGSVERMÖGEN.
LUCIUS ANNAEUS
SENECA

3 MEHR MERKEN

Sie stellen sich Ihr Langzeitgedächtnis wie eine Lagerhalle vor, in der Inhalte fein säuberlich in Regalen und Schubladen verstaut sind?

Dieses Bild dürfen Sie gleich einmal ad acta legen.

In unserem Gedächtnis werden Informationen nicht chronologisch oder andersartig fein säuberlich sortiert. Oder können Sie sich genau erinnern, was Sie am 17. März getan haben? Bei vielen Erinnerungen fällt es uns schwer, anzugeben, wann sie genau stattgefunden haben, was vorher war und was danach. Wir erinnern uns auch nicht an jedes einzelne Weihnachtsfest im Detail – in unserer Erinnerung verschwimmen alle erlebten Weihnachtsfeiern zu einem gemeinsamen Bild. Das liegt daran, dass alle Weihnachtsfeiern in unserem Gedächtnis miteinander vernetzt sind:

ABB. 3:
INFORMATIONEN
WERDEN IN IHREM
GEDÄCHTNIS VERNETZT
ABGESPEICHERT.

Unser Gedächtnis funktioniert wie ein dichtes Netzwerk: Informationen, die Gemeinsames haben, werden miteinander assoziiert und verknüpft. So führt eine Erinnerung zur nächsten und können ähnliche Erlebnisse in unserem Gedächtnis verschwimmen.

Wenn wir uns etwas Neues merken möchten, braucht es einen Anknüpfungspunkt. Wir können eine neue Information nur dauerhaft abspeichern, wenn sie einen Platz in unserem Wissensnetz findet.

ABB. 4:
EINE NEUE INFORMA-
TION (ROTER KREIS)
BRAUCHT EINEN AN-
KNÜPFUNGSPUNKT,
DAMIT SIE SIE IN
ERINNERUNG BE-
HALTEN KÖNNEN.

Die Basis dafür liefert das vorausgegangene Kapitel. Durch den Verständnisprozess finden Sie heraus, wie Informationen zusammengehören und knüpfen so während des Lernens Ihr Wissensnetz.

Manche Fachausdrücke, Detailinformationen und Begriffe wollen trotzdem einfach nicht in unserem Gedächtnis hängen bleiben.

Das liegt möglicherweise daran, dass sie uns so fremd sind, dass
wir keinen Anknüpfungspunkt für sie haben.

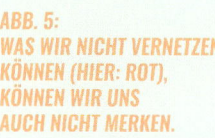
ABB. 5:
WAS WIR NICHT VERNETZEN
KÖNNEN (HIER: ROT),
KÖNNEN WIR UNS
AUCH NICHT MERKEN.

Hier helfen Eselsbrücken und Mnemotechniken weiter. Mithilfe von
kreativen Merktechniken schaffen wir es – über einen kleinen Um-
weg –, diese schwer merkbaren Inhalte einprägsam zu verankern.

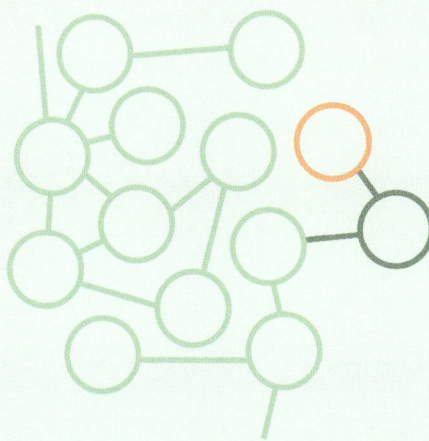

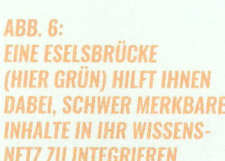
ABB. 6:
EINE ESELSBRÜCKE
(HIER GRÜN) HILFT IHNEN
DABEI, SCHWER MERKBARE
INHALTE IN IHR WISSENS-
NETZ ZU INTEGRIEREN.

HILFSWÖRTER DANK 3D-BLICK

Wissen Sie, wie sich Gedächtniskünstler Namen merken? Sie machen sich auf die Suche nach möglichst bildhaften Assoziationen. Den Namen von Herrn Müller merkt man sich leichter, wenn man an einen schweren Mühlstein denkt und Frau Baumgartner bleibt leichter in Erinnerung, wenn Sie sich tatsächlich vorstellen, wie sie unter ihrem Baum im Garten steht. Natürlich sind nicht alle Namen oder Begriffe leicht vorstellbar – in diesem Fall ist ein wenig Kreativität gefragt.

Stereogramme sind Muster, die bei richtiger Blickweise ein dreidimensionales Bild zeigen. Diese magischen Bilder entstehen ganz ohne 3D-Brille, wenn Sie den Blick nicht direkt auf das Bild, sondern auf einen fiktiven Punkt in der Ferne richten. Können Sie in dem unten abgebildeten Stereogramm ein Bild erkennen?

ABB. 7:
HALTEN SIE DAS
BILD SO RUHIG
WIE MÖGLICH
VOR IHR AUGE
UND SCHAUEN SIE
„DURCH DAS BILD
DURCH" AUF EINEN
FIKTIVEN PUNKT
IN DER FERNE.
ENTSPANNEN SIE
IHREN BLICK UND
WARTEN SIE, BIS
EIN BILD ERSCHEINT.
WAS KÖNNEN SIE
ERKENNEN?

Das Sehen der 3D-Bilder braucht ein bisschen Übung. Möglicherweise erkennen Sie das Bild auch nur vage, können es aber mit ein wenig Kreativität erraten.

So ähnlich können Sie sich die Suche von Hilfswörtern vorstellen.

SCHRITT 1:
WORT AUFSCHREIBEN

Schreiben Sie den Begriff, den Sie sich merken möchten, gut lesbar mit der Hand oder auch am Computer.

TIPP SCHREIBEN SIE EINE VARIANTE IN GROSS- UND KLEINBUCHSTABEN UND DANEBEN DAS GLEICHE WORT NOCH EINMAL NUR IN GROSSBUCHSTABEN.

SCHRITT 2:
3D-BLICK

Werfen Sie einen Blick auf das Wort, das Sie sich merken wollen, und betrachten Sie den Begriff mit kleinem Abstand. Verdrehen Sie in Gedanken ein paar Buchstaben oder decken Sie Wortanfang oder Wortende einfach kurz ab. Hier gibt es keine richtigen oder falschen Lösungen – Ihre persönlichen Assoziationen und Ideen werden Ihnen beim Merken helfen.

SCHRITT 3:
IDEE FESTHALTEN

Notieren Sie das Hilfswort mit Bleistift direkt neben dem Begriff und erweitern Sie es eventuell mit einem kleinen Merkspruch oder einem erklärenden Satz.

BEISPIELE

YURI GAGARIN

war der erste Mensch im Weltraum.

Hilfswort: „Gaga!"
Weltraumfahrten empfanden
damals andere sicherlich als
ziemlich verrückt – Gaga eben.

ANTÓNIO GUTERRES

seit 2017 Generalsekretär der
Vereinten Nationen.

Hilfswort: Gutes
Als Generalsekretär der UN
tut António Guterres Gutes.

JENS STOLTENBERG

Generalsekretär der Nato

Hilfswort: stolz
Jens Stoltenberg ist stolz
(wie ein Berg), General-
sekretär der Nato zu sein.

DAVID SASSOLI

Präsident des
Europäischen Parlaments

Hilfswort: saß
David Sassoli saß lange genug
im Parlament, jetzt ist er Präsident.

MERK-KUNST:
WORTBILDER ZEICHNEN

Wortbilder eignen sich im speziellen für Begriffe, zu denen Sie sich weitere Informationen oder längere Definitionen einprägen möchten.

SCHRITT 1:
DIE BLEISTIFTVORLAGE

Für Wortbilder haben sich Karten im Format einer Karteikarte bewährt. Schreiben Sie den Begriff mit einem Bleistift in die Mitte.

SCHRITT 2:
DEFINITION IN BILD
STATT WORT

Lesen Sie sich Definition und etwaige Zusatzinformationen durch. Versuchen Sie einzelne Inhalte zeichnerisch festzuhalten und nach Möglichkeit direkt über einzelne Buchstaben zu skizzieren.

SCHRITT 3:
FARBE

Ziehen Sie Bleistiftbuchstaben und Skizzen farbig nach und finalisieren Sie so Ihr Wortbild.

TIPP   HÄNGEN SIE DAS FERTIGE WORTBILD AUF EINE STELLE, AUF DIE AUCH AB UND ZU IHR BLICK FÄLLT. IHR WORTBILD KANN NEBEN DEM BILDSCHIRM AM ARBEITSPLATZ HÄNGEN, ABER AUCH AUF DER KÜHLSCHRANKTÜR, AM BADEZIMMERSPIEGEL ODER AUF DER TÜR IHRES LERNÖRTCHENS, DEM WC ...

BEISPIELE

MUSIKALISCHE FACHBEGRIFFE

Crescendo und Decrescendo

Crescendo bezeichnet ein An-
schwellen der Lautstärke, während Decrescendo bedeutet,
dass die Lautstärke abnimmt.

Intervall

Abstand zwischen zwei Tönen

Falsett

Kopfstimme, hochgestellte
männliche Gesangsstimme

Streichquartett

besteht aus Cello, Bratsche
und zwei Geigen

GELÄUFIGE BEGRIFFE AUS DER GRIECHISCHEN MYTHOLOGIE

TIPP   NÜTZEN SIE DIE MACHT VON GESCHICHTEN (SIEHE S. 90) – WENN SIE SICH DIE MYTHEN ZU DEN REDEWENDUNGEN ANHÖREN, WERDEN SIE SICH EINIGE DER BEGRIFFE AUCH OHNE WORTBILD BEREITS MERKEN.

Achillesferse = Schwachstelle

Achilles: unverwundbar,
mit Ausnahme einer Stelle
an der Ferse

**Argusaugen =
erhöhte Aufmerksamkeit**

Der Riese Argos hat 100 Augen.

**Ariadnefaden =
hilft aus schwieriger Lage**

Ariadne gab Theseus einen
Faden, um den Weg aus dem
Labyrinth zurückzufinden

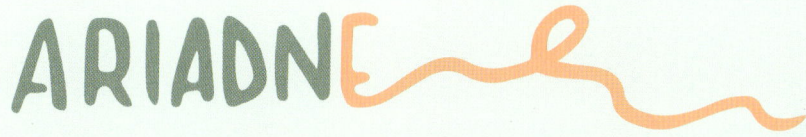

**Damoklesschwert =
schwebt unheilbringend
über ein scheinbares Glück**

Dionysios demonstrierte
Damokles die Vergänglichkeit
irdischen Glücks, indem er
über seinem Kopf während
eines Festessens ein scharfes
Schwert an einem Pferdehaar
hängen ließ.

OHRWURM SELBSTGEMACHT

Sogar beim Reimen und Dichten können Sie systematisch vorgehen! Reime merken Sie sich definitiv leichter als normale Sätze.

SCHRITT 1:
WAS WOLLEN SIE
SICH MERKEN?

Entscheiden Sie sich für einen bestimmten Begriff oder Inhalt, den Sie sich einprägen möchten.

SCHRITT 2:
BEGINNEN SIE
ZU REIMEN!

Dichten ist leichter, als Sie meinen. Sie finden ein Reimwort, indem Sie es suchen: Ersetzen Sie den Anfangsbuchstaben Ihres Schlüsselworts der Reihe nach durch alle Buchstaben des Alphabets. Probieren Sie auch Varianten wie St und Sch. Welche Reimwörter entstehen?

A	G
B	H
C	I
D	J
E	K
F	L

M	St
N	Spr
O	Str
P	T
Pf	U
Qu	V
R	W
S	X
Sch	Y
Sp	Z

SCHRITT 3:
ENTWICKELN SIE
EINEN SPRUCH

Wenn Sie ein Reimwort gefunden haben, entwickeln Sie einen kurzen Spruch. Dieser muss nicht sehr niveauvoll oder künstlerisch sein – Hauptsache, er reimt sich und ist einprägsam.

SCHRITT 4:
EIN OHRWURM
ENTSTEHT

Damit aus Ihrem Merkspruch ein Ohrwurm wird, sagen Sie ihn sich immer wieder vor – und vor allem immer gleich. Das heißt mit der gleichen Betonung, im gleichen Rhythmus, vielleicht sogar mit einer kleinen Handbewegung dazu.

BEISPIEL

LÄNDER UND IHRE HAUPTSTÄDTE

**Valletta –
Hauptstadt von Malta**

Reim: Valletta – Lametta
Christbäume mit Lametta
gibt's auf Malta in Valletta!

**Riga –
Hauptstadt von Lettland**

Reim: Riga – Krieger
Wer feiert in Riga?
Letten und Krieger!

Sie haben Lust bekommen, für alle Hauptstädte Europas ähnliche Ohrwürmer zu kreieren? Viel Spaß dabei! Es müssen ja nicht alle Länder sein! Einige Hauptstädte wissen Sie bestimmt auch so! Für Hauptstädte wie Wien, Berlin oder Rom werden Sie keine Merkhilfen mehr brauchen. Eselsbrücken sind immer etwas Zusätzliches (siehe S. 103), setzen Sie sie daher gezielt ein!

GRIECHISCHE MUSEN

Allein schon im Olymp finden sich neun Musen, hier sind drei von ihnen und ihre Zuständigkeitsbereiche.

**Euterpe – Muse
der Lyrik und des Flötenspiels**

Reim: Euterpe – Schärpe
Welche Muse trägt eine Schärpe?
Sie spielt dabei Flöte, es ist Euterpe.

**Klio – Muse
der Geschichtsschreibung**

Reim: Klio – Bio
Die Muse der Geschichte Klio aß
möglicherweise schon früher Bio.

Melpomene – Muse der Tragödie

Reim: Melpomene – Träne
Welche Muse vergießt eine Träne?
Die Muse der Tragik ist Melpomene.

TIPP WENN SIE ALLE MUSEN AUFZÄHLEN MÖCHTEN, EIGNEN SICH AUCH METHODEN, DIE FÜR DAS LISTEN-MEMORIEREN GEDACHT SIND, BEISPIELSWEISE DIE METHODE DER VERORTUNG (SIEHE S. 124), DAS ERZÄHLEN EINER GESCHICHTE (SIEHE S. 90) ODER AUCH ANFANGSBUCHSTABENSÄTZE (SIEHE S. 116).

ALLER ANFANG IST HILFREICH – ANFANGSBUCHSTABENSÄTZE

„Mein Vater erklärt mir jeden Sonntag unseren Nachthimmel." Haben auch Sie sich mit diesem Merkspruch die Planeten unseres Sonnensystems gemerkt? Merkur, Venus, Erde, Mars, Jupiter, Saturn, Uranus und Neptun lauten die Namen der Planeten. Der Merkspruch funktioniert.

Anfangsbuchstaben helfen unserem Gedächtnis auf die Sprünge und können uns dabei unterstützen, Listen zu memorieren.

So geht's:

SCHRITT 1: SCHLÜSSELWÖRTER AUFLISTEN

Reduzieren Sie eine Liste nach Möglichkeit auf die ausschlagkräftigsten Schlüsselwörter (siehe auch Listen schreiben S. 70).

SCHRITT 2: ANFANGSBUCHSTABEN HERVORHEBEN

Heben Sie nun die jeweiligen Anfangsbuchstaben hervor.

TIPP JE MEHR ANFANGSBUCHSTABEN ÜBEREINSTIMMEN, DESTO LEICHTER WIRD SPÄTER DAS ERINNERN DER URSPRÜNGLICHEN LISTENPUNKTE. IM BEKANNTEN MERKSPRUCH STEHT NICHT NUR DAS „M" IN „MEIN" FÜR „MERKUR", SONDERN AUCH DER ZWEITE BUCHSTABE „E" – EIN HINWEIS, DER VERHINDERT, DASS WIR DIE REIHENFOLGE VON MERKUR UND MARS VERTAUSCHEN.

SCHRITT 3:
SATZ KREIEREN

Bilden Sie aus den Buchstaben einen einprägsamen Satz. Benützen Sie dabei nach Möglichkeit Hauptwörter, die Sie sich bildlich vorstellen können und Zeitwörter, die lebhafte Aktivitäten beinhalten. Vielleicht gelingt es sogar, einen Satz zu finden, der thematisch zu Ihrer Liste passt?

TIPP WENN IHNEN KEIN SATZ EINFÄLLT, VARIIEREN SIE DIE REIHENFOLGE DER BUCHSTABEN.

BEISPIEL

DIE SIEBEN WELTWUNDER DER ANTIKE

- *Die hängenden Gärten der Semiramis zu Babylon.*
- *Der Koloss von Rhodos.*
- *Das Grab des Königs Mausolos II. zu Halikarnassos.*
- *Der Leuchtturm auf der Insel Pharos vor Alexandria.*
- *Die Pyramiden von Gizeh in Ägypten.*
- *Der Tempel der Artemis in Ephesos.*
- *Die Zeus-Statue des Phidias von Olympia.*

SCHRITT 1:
DIE SCHLÜSSELWÖRTER HERVORHEBEN

Die *sieben Weltwunder* der Antike

- Die hängenden **Gärten** der Semiramis zu Babylon.
- Der **Koloss** von Rhodos.
- Das **Grab** des Königs Mausolos II. zu Halikarnassos.
- Der **Leuchtturm** auf der Insel Pharos vor Alexandria.
- Die **Pyramiden** von Gizeh in Ägypten.
- Der **Tempel** der Artemis in Ephesos.
- Die **Zeus-Statue** des Phidias von Olympia.

SCHRITT 2:
ANFANGSBUCHSTABEN FINDEN

Sieben Weltwunder

Gä	*Ko*	*Gr*	*Le*
Py	*Te*	*Ze*	

SCHRITT 3:
SATZ BILDEN

Gärtner graben Tunnel, lassen klassischen Plunder zurück. *Die sieben Weltwunder*

- **Gärtner:** Die hängenden *Gärten* der Semiramis zu Babylon.
- **graben:** Das *Grab* des Königs Mausolos II. zu Halikarnassos.
- **Tunnel:** Der *Tempel* der Artemis in Ephesos.
- **lassen:** Der *Leuchtturm* auf der Insel Pharos vor Alexandria.
- **klassischen:** Der *Koloss* von Rhodos.
- **Plunder:** Die *Pyramiden* von Gizeh in Ägypten.
- **zurück:** Die *Zeus-Statue* des Phidias von Olympia.

NUN SIND SIE
AN DER REIHE

Im Jahr 2007 wurden die folgenden sieben Bauwerke zu den **„Neuen sieben Weltwundern"** gekürt:

- *Chichén Itzá, Maya-Ruinen auf der Halbinsel Yucatán (Mexiko)*
- *Chinesische Mauer, Grenzbefestigungsanlage (Volksrepublik China)*
- *Cristo Redentor, Christusstatue in Rio de Janeiro (Brasilien)*
- *Kolosseum, antikes Amphitheater in Rom (Italien)*
- *Machu Picchu, Inka-Ruinenstadt in den Anden (Peru)*
- *Petra, Felsenstadt (Jordanien)*
- *Taj Mahal, Grabmoschee (Indien)*

Eine gute Gelegenheit für Sie, die neu kennengelernte Methode gleich einmal selbst auszuprobieren.

NONSENS-WÖRTER MACHEN SINN

Diese kleine, aber feine Methode ist die verkürzte Variante der Anfangsbuchstabensätze. Statt eines Satzes kann auch ein Nonsens-Wort als Merkhilfe für eine kurze Liste dienen.

So geht's:

SCHRITT 1: SCHLÜSSELWÖRTER FINDEN

Wieder brauchen Sie möglichst klare Schlüsselwörter. Reduzieren Sie daher Ihre Auflistung auf die aussagekräftigsten Begriffe.

Beispiel

Ein Wiederkäuer wie die Kuh kann Futtermittel verarbeiten, von denen sich andere Lebewesen nie ernähren könnten. Das komplexe Verdauungssystem ermöglicht es, rohfaserreiche Pflanzen zu verdauen. Zentraler Bestandteil sind die vier Mägen:

- Pansen
- Netzmagen
- Blättermagen
- Labmagen

SCHRITT 2:
ANFANGSBUCHSTABEN
HERVORHEBEN

— *Pa*nsen
— *Ne*tzmagen
— *B*lättermagen
— *L*abmagen

Markieren Sie ein bis drei Anfangsbuchstaben der Begriffe.

SCHRITT 3:
NONSENS-WORT BILDEN

Setzen Sie die Anfangsbuchstaben zu einem Nonsens-Wort zusammen.

Beispiel: PaNeBL

Sprechen Sie Ihr Nonsens-Wort laut aus, wiederholen Sie es einige Male und versuchen Sie, mithilfe des Nonsens-Wortes Ihre ursprüngliche Liste wiederzugeben. Gelingt es?

TIPP ACHTEN SIE AUCH AUF DIE REIHENFOLGE DER BEGRIFFE BZW. BUCHSTABEN. MANCHMAL IST ES AUCH WICHTIG, DIE RICHTIGE ORDNUNG ZU WISSEN.

BEISPIELE

DIE LITERARISCHEN GATTUNGEN

Die literarischen Gattungen mit Beispielen:

LYRIK	EPIK	DRAMA
Ballade	*Roman*	*Komödie*
Ode	*Novelle*	*Oper*
Sonett	*Sage*	*Tragödie*
	Fabel	

Die literarischen Gattungen lauten Lyrik, Epik und Drama. Diese können Sie sich leicht über deren Anfangsbuchstaben merken.

Wir beleuchten die Literarischen Gattungen – *LED: Lyrik, Epik, Drama.*

Auch die jeweiligen Beispiele für zugehörige Textarten können Sie sich leicht mithilfe von Nonsens-Wörtern merken:

Wenn es sich nicht reimt, wird die Lyrik **BOS: Ballade, Ode, Sonett** (wobei die Ballade strenggenommen eine Mischform darstellt und auch epische und lyrische Elemente beinhaltet).

RONOSAFA ist das Nonsens-Wort als Erinnerung für die Gattung der Epik: **Roman, Novelle, Sage** und **Fabel** sind nur einige der zahlreichen Textarten.

Beim Drama stehen Dialoge im Vordergrund, kein **KOT: Komödie, Oper, Tragödie**.

PHILOSOPHEN DER ANTIKE

Sie wollen sich merken, in welcher Reihenfolge die drei berühmtesten Philosophen **Sokrates, Platon** und **Aristoteles** in der Antike gelebt haben? Reihen Sie einfach die Anfangsbuchstaben aneinander, sie erhalten das Wort **SPA**.

GEDÄCHTNISPALAST: GEDÄCHTNISKUNST AUS DER ANTIKE

Die Königin der Mnemotechnik ist die sogenannte LOCI-Technik, oder auch Raum-Technik. Die LOCI-Technik nützt die Tatsache, dass wir Inhalte gerne räumlich abspeichern. Nicht umsonst haben wir früher in der Schule genau gewusst: „Das gesuchte Wort steht auf der zweiten Seite rechts oben ...“

Schon gewusst? Mnemotechniken sind Merktechniken, die sich bis in die Antike zurückverfolgen lassen. Schon Cicero beschreibt, wie er sich seine langen Reden merkt, indem er sich die einzelnen Stichworte räumlich vorstellt. Heutzutage nützen Gedächtniskünstler genau die gleiche Methode, um sich beispielsweise lange Zahlenreihen oder auch ganze Spielkartendecks zu merken.

SCHRITT 1: FINDEN SIE EINEN PASSENDEN RAUM FÜR IHR THEMA

Mithilfe der LOCI-Technik können Sie sich eine Liste zu einem bestimmten Thema leicht einprägen. Denken Sie an einen passenden Raum (oder Weg), der vielleicht inhaltlich auch ein wenig zu Ihrem Thema passt.

SCHRITT 2:
FINDEN SIE ANKER-
PUNKTE IN IHREM RAUM

Sie werden sich mit dieser Methode auch die Reihenfolge merken. Ordnen Sie die Listenpunkte daher bewusst, etwa chronologisch in einer bestimmten Reihenfolge. Zum Thema „Listen schreiben" haben Sie bereits im vorigen Kapitel Tipps erhalten (siehe S. 70).

Aus wie vielen Unterpunkten besteht Ihre Liste? Bewährt haben sich etwa 10 Listenpunkte pro Raum. Finden Sie in Ihrem Raum 10 markante Positionen, sie werden Ihnen gleich als Ankerpunkt dienen.

Gehen Sie nun gedanklich Ihre Ankerpunkte ab und wiederholen Sie den Vorgang. Sie sollten alle Positionen in der richtigen Reihenfolge sicher abrufen können, auch ohne den Blick durch den realen Raum wandern zu lassen. Sie werden sehen, das geht fast wie von selbst.

SCHRITT 3:
STELLEN SIE SICH
DIE LISTENPUNKTE AN
DEN ENTSPRECHENDEN
RAUMPOSITIONEN VOR

Jetzt können Sie loslegen! Verankern Sie Ihre Liste Element für Element an den von Ihnen festgelegten Positionen und in gewünschter Reihenfolge in Ihrem Raum. Die Listenpunkte müssen nicht zur Position „passen". Gerade merk-würdige (!) Kombinationen werden Ihnen gut in Erinnerung bleiben.

Je bildhafter und lebendiger Sie sich die Listenpunkte vorstellen, desto leichter werden Sie sich später erinnern können.

TIPP   VERWENDEN SIE MÖGLICHST VORSTELLBARE BILDER! SIE WOLLEN SICH AN EINER STELLE UNGARN MERKEN? STELLEN SIE SICH DOCH EINE PAPRIKA VOR! EINE ANDERE STELLE STEHT FÜR DEN LITERATURNOBELPREISTRÄGER GÜNTER GRASS? LASSEN SIE AN DIESER STELLE SATTGRÜNES GRAS WACHSEN!

SCHRITT 4:
FESTIGUNG

Gehen Sie in Gedanken ab und zu durch Ihren Raum und passieren Sie die Positionen: Welche Listenpunkte liegen hier verankert?

ERWEITERUNG
FÜR PROFIS

Sie können in Ihrem Gedächtnispalast ganze Wissensräume entstehen lassen! Sobald die einzelnen Positionen gefestigt sind, können Sie zusätzliche Informationen verankern. Ein bedeutender Roman von Günter Grass? Die Blechtrommel – stellen Sie sich eine Trommel aus Blech vor, die in dem Stück Gras in Ihrem Raum liegt.

Nützen Sie für unterschiedliche Listen jeweils neue Räume, damit es nicht zu Verwechslungen kommen kann.

BEISPIEL

DEUTSCHE BUNDESKANZLER SEIT 1949

— *Konrad Adenauer*
— *Ludwig Erhard*
— *Kurt Georg Kiesinger*
— *Willy Brandt*
— *Helmut Schmidt*
— *Helmut Kohl*
— *Gerhard Schröder*
— *Angela Merkel*

SCHRITT 1:
PASSENDER RAUM

Ein geeigneter Raum ist der Plenarsaal des Bundestages.

SCHRITT 2:
ANKERPUNKTE

Wir benötigen acht Ankerpunkte, um alle Kanzler unterzubringen:

— *Besucherplätze*
— *Hintere Sitzreihen*
— *Fenster*
— *Treppe*
— *Platz der Stenografen*
— *Rednerpult*
— *Vorstands-Sitze*
— *Tisch von Direktor, Sitzungsdienst*
　　und Plenarassistenz

Um sich die acht Positionen gut einzuprägen, können Sie gedanklich durch den Raum spazieren und alle acht Punkte „abgehen".

SCHRITT 3:
PERSONEN VERANKERN

Stellen Sie sich die einzelnen Bundeskanzler an den verschiedenen Positionen vor:

Manche Personen merken Sie sich wahrscheinlich leichter als andere! Die aktuelle Bundeskanzlerin Angela Merkel können Sie sich wahrscheinlich relativ einfach am hinteren Tisch vorstellen. Wenn Sie sich die Gesichter vergangener Kanzler nicht vorstellen können, helfen Eselsbrücken weiter (siehe dazu S. 104: 3D-Blick). Sie könnten sich beispielsweise vorstellen, wie auf der Treppe ein kleiner Brand ausbricht, um sich Willy Brandt leichter zu merken.

KÖRPERLISTEN: WENN DIE HAND ZUM SCHUMMELZETTEL WIRD

Als Variation der LOCI-Technik können Sie auch einen Körper als räumlichen Anker nützen.

TIPP   SIE WOLLEN SICH SCHNELL EINE KURZE LISTE AUS FÜNF ELEMENTEN MERKEN? VERKNÜPFEN SIE SIE MIT DEN FINGERN IHRER HAND. DAS GEHT RASCH UND BEIM ER-INNERN KÖNNEN SIE DIE LISTENPUNKTE REGELRECHT AN DEN FINGERN ABZÄHLEN.

BEISPIEL

DECATHLON

Der Zehnkampf ist Teil des Programms der Olympischen Spiele. Er beinhaltet zehn verschiedene Leichtathletik-Disziplinen, die an zwei Tagen durchgeführt werden:

ERSTER TAG

1. 100-Meter-Lauf
2. Weitsprung
3. Kugelstoß
4. Hochsprung
5. 400-Meter-Lauf

ZWEITER TAG

6. 110-Meter-Hürdenlauf
7. Diskuswurf
8. Stabhochsprung
9. Speerwurf
10. 1500-Meter Lauf

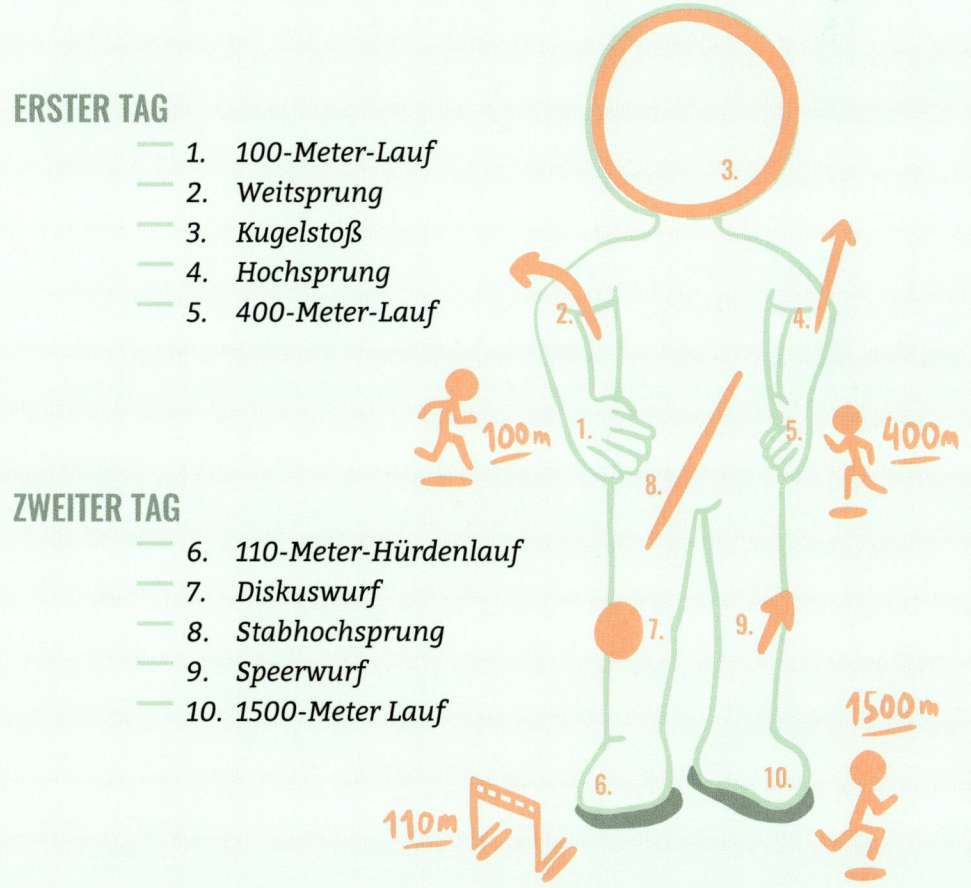

MERKTANZ:
MERKEN MIT SCHWUNG

Jetzt kommt Bewegung ins Spiel! Der Merktanz ist die Steigerungsform der Körperliste. Bewegung wirkt sich auf vielerlei Wegen positiv auf Lernen und Gedächtnis aus. Unmittelbar fördert Bewegung die Aufmerksamkeit – ein aktiver Körper aktiviert auch das Gehirn. Langfristig regt Bewegung die Neubildung von Nervenzellen im Gehirn an – und zwar direkt in unserer Gedächtniszentrale, dem Hippocampus. Das steigert nachhaltig unsere Merkfähigkeit. (Siehe dazu: „Gehirnspaziergang")

Sie können Bewegung als Anknüpfungspunkt für Merkinhalte einsetzen. Stellen Sie sich einen Schauspieler vor, der, sobald er durch eine Falltür auf der Bühne auftaucht, einen bestimmten Satz zu sagen hat. Sicher können Sie sich vorstellen, dass ihm dieser Satz ganz automatisch einfällt, sobald er die Türe aufklappt. Genau so können Sie auch vorgehen, wenn Sie sich einen kurzen Text, etwa ein Gedicht, merken wollen. Verknüpfen Sie den Text mit einem Bewegungsablauf.

SCHRITT 1:
WÄHLEN SIE EINEN
BEWEGUNGSABLAUF

Zum Ausprobieren eignet sich eine alltägliche Bewegung, beispielsweise das Anziehen der Schuhe. Sie können später natürlich auch einen richtigen Merktanz choreographieren.

SCHRITT 2:
DEFINIEREN SIE DIE EINZELBEWEGUNGEN

Aus welchen Teilschritten besteht Ihr Bewegungsablauf? Führen Sie alle Handlungen einige Male der Reihe nach durch.

SCHRITT 3:
LESEN UND BEWEGEN

Lesen Sie nun den Text bzw. das Gedicht nach Möglichkeit laut, während Sie die Bewegungen durchführen. Berücksichtigen Sie dabei die Teilschritte, die Sie vorhin definiert haben und lesen Sie nicht mehr als einen Satz pro Teilschritt.

Wiederholen Sie diesen Ablauf einige Male. Wichtig: Bewegung und Text sind immer gleich! Das heißt, eine bestimmte Bewegung wird immer von den gleichen Worten begleitet!

SCHRITT 4:
ERINNERN UND BEWEGEN

Sobald Sie sich sicher fühlen, legen Sie die Textvorlage zur Seite. Führen Sie die Bewegungen durch und sagen Sie den Text nach Möglichkeit frei auf. Wenn Sie nicht weiterwissen, werfen Sie einen Blick auf Ihre Vorlage.

SCHRITT 5:
FREI ERINNERN

Mit der Zeit wird es Ihnen gelingen, den Text aufzusagen, auch ohne die Bewegungen tatsächlich durchzuführen. Stellen Sie sich Ihren Merktanz einfach vor und sagen Sie den Text frei auf.

BEISPIEL

Aus dem 15. Jahrhundert ist das Volkslied „Es ist ein Schnee gefallen" überliefert. Als Bewegung könnten Sie, passend zum Thema, das Anziehen von warmen Wintersachen wählen. Lesen Sie
das Gedicht Satz für Satz während Sie – fiktiv oder tatsächlich –
Jacke Mütze, Schal, Handschuhe und vielleicht auch warme Schuhe anziehen:

ES IST EIN SCHNEE GEFALLEN

Es ist ein Schnee gefallen
und es ist doch nicht Zeit,
man wirft mich mit den Ballen,
der Weg ist mir verschneit.

Mein Haus hat keinen Giebel,
es ist mir worden alt,
zerbrochen sind die Riegel,
mein Stüblein ist mir kalt.

Ach Lieb, laß dich's erbarmen
daß ich so elend bin,
und schließ mich in dein' Arme
so fährt der Winter hin.

Z. B.:
JACKE

- **Rechter Ärmel:** Es ist ein Schnee gefallen
- **Linker Ärmel:** und es ist doch nicht Zeit,
- **Jacke verschließen:** man wirft mich mit den Ballen,
- **Kragen richten:** der Weg ist mir verschneit.

SCHUHE

- **Linker Schuh anziehen:** Mein Haus hat keinen Giebel,
- **Linker Schuh binden:** es ist mir worden alt,
- **Rechter Schuh anziehen:** zerbrochen sind die Riegel,
- **Rechter Schuh binden:** mein Stüblein ist mir kalt.

MÜTZE, SCHAL,
HANDSCHUHE

- **Mütze aufsetzen:** Ach Lieb, laß dich's erbarmen
- **Schal umlegen:** daß ich so elend bin,
- **Linker Handschuh:** und schließ mich in dein' Arme
- **Rechter Handschuh:** so fährt der Winter hin.

Lesen Sie das Gedicht einige Male begleitet von den Bewegungen durch – bald werden Sie an jedem kalten Tag an das Volkslied denken ...

MERK-WÜRDIGE GESCHICHTEN

Merken kann kurzweilig sein – wenn man weiß wie. In diesem Abschnitt erfahren Sie, wie Sie Merkgeschichten formen und erzählen, um trockene Daten und Fakten lebendig in Ihrem Gedächtnis abzuspeichern.

SCHRITT 1: DIE ECKPFEILER IHRER GESCHICHTE

Diese Methode eignet sich gut, um kurze Auflistungen im Kopf zu behalten. Finden Sie ein Thema für Ihre erste Merkgeschichte. Überlegen Sie sich zu jedem Listenpunkt möglichst reale und greifbare Bilder, Handlungen oder Personen. Möglicherweise hilft Ihnen dabei der 3D-Blick (siehe S. 104).

SCHRITT 2: ERFINDEN SIE EINE GESCHICHTE

Nun entsteht der Plot. Erzählen Sie eine möglichst lebhafte und abwechslungsreiche Geschichte und verwenden Sie dabei Ihre Stichworte. Bauen Sie in den Beginnsatz das Thema Ihrer Liste ein!

TIPP   AKTIVE HANDLUNGEN UND UNERWARTETE EREIGNISSE MERKEN SIE SICH LEICHTER ALS SCHLICHTE AUFZÄHLUNGEN. WENN SIE NICHT WISSEN, WIE ES WEITERGEHEN SOLL, VERWENDEN SIE AM BESTEN EINE ÜBERLEITUNG WIE: „PLÖTZLICH ..." ODER „UND DANN GESCHAH ES:"

BEISPIEL

BUNDESPRÄSIDENTEN DER ZWEITEN REPUBLIK ÖSTERREICHS

— *Karl Renner (1945–1950)*
— *Theodor Körner (1951–1957)*
— *Adolf Schärf (1957–1963 und 1963–1965)*
— *Franz Jonas (1965–1971 und 1971–1974)*
— *Rudolf Kirchschläger (1974–1980 und 1980–1986)*
— *Kurt Waldheim (1986–1992)*
— *Thomas Klestil (1992–1998 und 1998–2004)*
— *Heinz Fischer (2004–2010 und 2010–2016)*
— *Alexander van der Bellen (seit 2017)*

SCHRITT 1: BILDER UND PERSONEN

— *rennen*
— *Körner*
— *scharf*
— *Wal (der Legende nach wurde der Prophet Jonas von einem Wal gerettet)*
— *Kirche*
— *Wald*
— *Klee*
— *Fischer*
— *Glocke (englisch: bell)*

SCHRITT 2:
GESCHICHTE

— *Der österreichische Bundespräsident rennt (Karl Renner)!*

— *Er rennt über unzählige kleine Körner (Theodor Körner) und biegt scharf (Adolf Schärf) um die Ecke.*

— *Dort stößt er auf einen Wal (Franz Jonas).*

— *Der Wal schlägt mit seiner Schwanzflosse die Kirche um (Rudolf Kirchschläger).*

— *Der Kirchturm fällt um und landet im Wald (Kurt Waldheim).*

— *Im Wald ist eine Lichtung mit Klee (Thomas Klestil).*

— *Hier sitzt ein Fischer (Heinz Fischer).*

— *Statt einer Angel hält er eine Glocke (Alexander van der Bellen) in der Hand.*

Merkwürdig genug? Wie viele Präsidenten der zweiten Republik Österreichs könnten Sie jetzt aufzählen?

NUN SIND SIE
AN DER REIHE

Nachfolgend finden Sie die Namen der deutschen Präsidenten
seit 1949:

- Theodor Heuss
- Heinrich Lübke
- Gustav Heinemann
- Walter Scheel
- Karl Carstens
- Richard von Weizsäcker
- Roman Herzog
- Johannes Rau
- Horst Köhler
- Christian Wulff
- Joachim Gauck
- Frank-W. Steinmeier

Ihre Merkgeschichte:

VON TURM BIS UHR:
NUMMERIERTE LISTEN

Sie haben eine nummerierte Liste, die Sie sich merken wollen? Das Ganze ist viel einfacher als Sie vielleicht denken. Zumindest dann, wenn man die richtige Merktechnik kennt.

Unser Gedächtnis braucht möglichst bildhafte, merk-würdige Anker. Betrachten wir beispielsweise die Zahlen von eins bis zwölf einmal etwas genauer.

Nehmen Sie sich kurz Zeit, die Zahlen von eins bis zwölf etwas genauer und anders als gewöhnlich zu betrachten. Was sehen Sie?

Die runde Form der Zwei erinnert viele an den geschwungenen Hals eines Schwans, die Vier bringen Sie eventuell mit einem Stuhl in Verbindung und auch die anderen Zahlen können leicht bildlich assoziiert werden.

HIER EIN PAAR VORSCHLÄGE

1   Turm, Kerze

2   Schwan

3   Pilz, Schmetterling

4   Sessel, Segelschiff

5   Hand, Apfel

6   Brille, Korb

7   Fahne, Türe

8   Schneemann, Sanduhr

9   Luftballon, Lolli

10   Geldschein

11   Fußball, Zwillinge

12   Uhr, Eier (Dutzend)

TIPP   AM BESTEN FUNKTIONIEREN IHRE EIGENEN ASSOZIATIONEN! SKIZZIEREN SIE IHRE EIGENEN IDEEN ZU DER LISTE.

SCHRITT 1:
LEGEN SIE IHRE
ZAHLENBILDER FEST

Entscheiden Sie sich jetzt für ein Bild pro Zahl. Kreisen Sie diese in der oberen Liste ein.

SCHRITT 2:
NUMMERIERTE LISTE

Für diese Methode benötigen Sie eine nummerierte Liste. Viele Auflistungen sind bereits nummeriert, die zehn Gebote etwa. Sie können aber auch eine eigene Auflistung durchnummerieren.

SCHRITT 3:
ASSOZIATION

Verknüpfen Sie Ihre Zahlenbilder mit den passenden Listenpunkten. Wie immer gilt: je merk-würdiger, desto besser. Lassen Sie sich möglichst bildhafte Assoziationen einfallen.

Sie werden erkennen: Mit Hilfe dieser Methode können Sie einzelne Listenelemente abrufen. Die Frage: „Wie lautet der zweite Listenpunkt?" wird ganz leicht beantwortbar, wenn Sie dabei an den Schwan denken …

BEISPIEL

DIE ERSTEN 10 MENSCHENRECHTE

1. *Freiheit, Gleichheit, Brüderlichkeit*
2. *Verbot der Diskriminierung*
3. *Recht auf Leben und Freiheit*
4. *Verbot der Sklaverei und des Sklavenhandels*
5. *Verbot der Folter*
6. *Anerkennung als Rechtsperson*
7. *Gleichheit vor dem Gesetz*
8. *Anspruch auf Rechtsschutz*
9. *Schutz vor Verhaftung und Ausweisung*
10. *Anspruch auf faires Gerichtsverfahren*

ASSOZIATIONEN

1. Turm – Freiheit, Gleichheit, Brüderlichkeit

Hier kann man sich viele Türme vorstellen, die alle gleich würdevoll aussehen und gleiche Rechte haben.

2. Schwan – Verbot der Diskriminierung

Auch das kleine hässliche Entlein (später ein Schwan) soll nicht diskriminiert werden.

3. Schmetterling – Recht auf Leben und Freiheit

Die Raupe hat ein Recht auf Leben und Freiheit und wird deshalb zum Schmetterling.

NUN SIND SIE AN DER REIHE

Welche Assoziationen finden Sie für die nächsten Menschenrechte?

FÜR PROFIS: HUNDERT ZAHLENBILDER

Sie haben viel mit Zahlen zu tun oder müssen sich besonders viele Zahlen merken? Dann ist es empfehlenswert, Ihre Zahlenbilder auf hundert zu erweitern. Überlegen Sie sich, wie im vorangegangenen Punkt erklärt, geeignete Assoziationen für alle Zahlen von 1 bis 100.

SCHRITT 1:
BEKANNTE ZAHLEN SUCHEN

Beginnen Sie mit den Zahlen, die bei Ihnen direkt bildliche Assoziationen wecken. Die Zahlen eins bis zwölf haben Sie bereits in der vorangegangenen Übung bearbeitet – diese Bilder können Sie hier gleich übernehmen und einfügen.

Welche Zahlenbilder wecken ebenfalls Assoziationen? Die Zahl 24 erinnert Sie möglicherweise an Weihnachten und auch andere Bilder haben Sie sicher bereits im Kopf.

Denken Sie bei Ihrer Suche an

- *Hausnummern, Türnummern, Postleitzahlen*
- *Geburtsjahre oder Geburtstage*
- *Jahreszahlen wichtiger Ereignisse*
- *Konstanten, Kennzahlen*
- *Zahlen aus Liedern, Buchtiteln, Filmen und Geschichten*
- *Zahlenkombinationen aus Pincodes oder Telefonnummern*

Warten Sie ein wenig ab, bevor Sie sich dem nächsten Schritt widmen. Machen Sie eine Pause, lassen Sie Ihre Zahlenliste liegen und widmen Sie sich später wieder Ihren Assoziationen. Sie werden sehen, es fallen Ihnen noch weitere Bilder ein. Fragen Sie auch Ihr

Umfeld, welche Zahlenbilder im Kopf entstehen und ergänzen Sie so Ihre persönliche Liste.

SCHRITT 2:
BUCHSTABEN-CODE

Ein Buchstaben-Code kann Ihnen helfen, Lücken in Ihrer Zahlenliste zu füllen. Weisen Sie jeder Ziffer einen Buchstaben zu. Das könnten beispielsweise die Anfangsbuchstaben sein:

1.	E	6.	S
2.	Z	7.	I oder L
3.	D	8.	A
4.	V + W	9.	N
5.	F	10.	O

Jetzt können Sie Zahlen ganz einfach in Buchstaben und anschließend in Worte umwandeln. Aus 48 wird W-A und damit der Wald.

TIPP   ENTSCHEIDEN SIE SICH MÖGLICHST FÜR ERKENNBARE UND BILDHAFTE BEGRIFFE.

SCHRITT 3:
FESTIGEN

Nehmen Sie sich Zeit, Ihre Zahlenbilder zu festigen. Dabei werden Sie merken, dass Sie sich Ihre eigenen Assoziationen viel leichter merken können als vorgefertigte Beispiele.

Ihre Zahlenbilder können Sie ab sofort nützen, wenn Zahlen eine wichtige Rolle spielen: Jahreszahlen, aber auch Paragrafen merken Sie sich mit Hilfe dieser Technik ganz leicht.

Zahlenbilder bis 100 zu entwickeln erfordert anfangs sicherlich viel Zeit. Der Aufwand lohnt sich aber, wenn Sie regelmäßig mit Zahlen zu tun haben.

SO MERKE ICH
MIR MEHR

KURZ UND BÜNDIG:

MERKEN BRAUCHT ANKNÜP-
FUNGSPUNKTE. DIESE KÖNNEN
RÄUMLICH, SPRACHLICH
ODER AUCH BILDHAFT SEIN.
DABEI GILT: JE LEBHAFTER UND
MERK-WÜRDIGER DESTO BESSER.

In diesem Kapitel haben Sie gelernt, welche Techniken Ihnen dabei helfen können, sich in einen wahren Gedächtniskünstler zu verwandeln. Sie haben erfahren, dass kreative Merktechniken Ihr Gedächtnis unterstützen, indem sie helfen, Anknüpfungspunkte zu finden. Lernstoff können wir uns nur dann merken, wenn wir Information verknüpfen können. Manchmal braucht es dazu Eselsbrücken oder Mnemotechniken. Sicherlich sagen Ihnen manche der vorgestellten Merktricks mehr zu als andere. Halten Sie Ihre Favoriten mit Hilfe der angefügten Liste fest. Tipp: Geben Sie dem „Gedächtnispalast" eine Chance. Unter Gedächtnissportlern und -künstlern ist die LOCI-Technik die beliebteste Mnemotechnik. Für diese Methode gilt wie für alle kreativen Merktechniken: die erfolgreiche Umsetzung ist Übungssache! Halten Sie darum jetzt gleich mögliche Anwendungsgebiete fest, die Ihnen einfallen und probieren Sie die Methoden aus!

METHODE	MEIN ERSTER EINDRUCK			NOTIZEN, MÖGLICHES ANWENDUNGSGEBIET
Hilfswörter	☑	▬	⌢	
Wortbilder	☑	▬	⌢	
Ohrwürmer	☑	▬	⌢	
Anfangs- buchstabensätze	☑	▬	⌢	
Nonsens-Wörter	☑	▬	⌢	
Gedächtnispalast	☑	▬	⌢	
Körperliste	☑	▬	⌢	
Merktanz	☑	▬	⌢	
Geschichte	☑	▬	⌢	
Nummerierte Listen	☑	▬	⌢	

HOHE BILDUNG
KANN MAN DADURCH
BEWEISEN, DASS
MAN DIE KOMPLIZIER-
TESTEN DINGE AUF
EINFACHE ART ZU
ERLÄUTERN VERSTEHT.
GEORGE BERNARD SHAW

ERFOLGREICH
ERINNERN

4

Ich werde regelmäßig danach gefragt, wie man sich gewisse Dinge, Fakten und Zahlen leichter merken kann. Dabei müsste die Frage eigentlich lauten: „Wie erinnere ich mich?" Schließlich gehört das Erinnern zu einem funktionierenden Gedächtnis dazu.

Unser Gedächtnis funktioniert wie ein umfangreiches Netzwerk (siehe S. 101). Erinnerungen werden in diesem Netzwerk getriggert und durch anknüpfende Assoziationen ausgelöst. Eine Erinnerung kommt demnach nicht einfach aus dem Nichts, sondern wird ausgelöst. Diese Auslöser können subtile Kleinigkeiten sein: etwa ein Geschmack oder ein Geruch. Auch ein Lied von früher kann so manche Erinnerung wecken …

Auf dieselbe Art und Weise funktioniert das Merken und Erinnern gelernter Informationen. Damit wir uns erinnern, braucht es einen Hinweisreiz, einen Auslöser. Bei der Prüfung sind beispielsweise die Prüfungsfragen die Auslöser. Deswegen kann es auch sein, dass wir eine Frage nicht beantworten können, obwohl wir die betreffenden Informationen gelernt haben – möglicherweise stimmen die Hinweisreize nicht überein. Wenn wir Glück haben, formuliert der Prüfer die Frage neu und wir erinnern uns plötzlich.

In diesem Kapitel geht es nicht nur darum, Gelerntes in Prüfungssituationen abrufen zu können. Denn auch wenn Sie nicht gerade für eine Prüfung lernen, werden Sie sich später an das gelernte Wissen erinnern wollen. Die Idee des Wissensnetzes hat Auswirkungen darauf, wie Lernen zu Erfolg führen kann. Finden Sie heraus, wie Sie schon während des Lernprozesses dafür sorgen können, dass Ihnen später im richtigen Moment die richtigen Gedanken kommen.

OHNE WENN
KEIN DANN!

Sie haben in der Kapiteleinleitung erfahren: Erinnerung braucht immer einen Hinweisreiz. Wenn Sie lernen, können (und sollten) Sie sich also die Frage stellen: „Wann will ich mich an diese Information erinnern?" Was ist mein Hinweisreiz?

Nur zu oft verbringen wir Zeit damit, nach falschen Hinweisreizen zu lernen. Ein Medizin-Student lernt beispielsweise Krankheiten und merkt sich Symptome, Diagnose, Therapie, Prognose etc. Doch ist das wirklich das, was ein Arzt im Berufsalltag benötigt? Da kommt ja dann nicht ein Patient in die Praxis und sagt: „Guten Tag, ich habe Multiple Sklerose, was können Sie mir darüber erzählen?" Die Patienten kommen mit Symptomen, und diese sollten die Hinweisreize für gelerntes Wissen sein. Welche Ursachen kann beispielweise das Symptom Schwindel haben?

Oder nehmen wir ein banaleres Beispiel: Sie lernen regelmäßig Witze auswendig, kommen aber im Alltag nicht dazu, diese zu erzählen, weil Sie Ihnen in den passenden Momenten nicht einfallen? Lernen Sie künftig nicht nur Witze, sondern überlegen Sie auch, wann Sie an den Witz denken und ihn erzählen möchten. Beim nächsten Mal fällt er Ihnen garantiert ein.

Dieses Wenn-Dann-Denken ist ein wichtiger Grundgedanke, der uns dabei hilft, Wissen abzurufen.

SCHRITT 1:
WANN WOLLEN SIE
SICH ERINNERN?

Es gibt verschiedene Auslöser für Ihr gelerntes Wissen:

— Prüfungssituationen

Welche Schlüsselwörter können in Fragen auftauchen? Durchforsten Sie Fragensammlungen nach möglichen Auslösern oder
versetzen Sie sich in die Rolle des Prüfers. Wonach wird gefragt?
Welche Frage würden Sie stellen?

— Gesprächssituationen

Sie wollen das Gespräch in Richtung bestimmter Wissensgebiete
lenken? Überlegen Sie sich geeignete Auslöser oder Themen, an
die Sie anknüpfen können.

— Alltagssituationen

Wann können Sie das Gelernte im Alltag brauchen? Halten Sie
fest, in welchen Momenten Sie an etwas denken wollen. ...

SCHRITT 2:
ASSOZIIEREN SIE
WENN UND DANN

Notieren Sie Ihre Hinweisreize neben dem Lernstoff und schaffen
Sie eine Assoziation:

— Vorstellung

Stellen Sie sich aktiv vor, wie Wenn und Dann aufeinanderfolgen.
Je bildhafter und lebendiger Sie diese Abfolge gedanklich durch-

spielen, desto eher werden Sie in der tatsächlichen Situation daran denken.

― Eselsbrücken

Sie haben im letzten Kapitel einige Merktricks kennengelernt. Finden Sie eine merk-würdige Assoziation, die Ihnen hilft, Wenn und Dann zu koppeln.

― Wiederholen

Die gefundenen „Wenns" sind die optimale Grundlage, um Gelerntes zu wiederholen. Ihre „Wenn-Dann-Paare" eignen sich beispielsweise hervorragend für Karteikarten (siehe S. 94). Wie Wiederholung zum Erfolg führt, erfahren Sie auf S. 158.

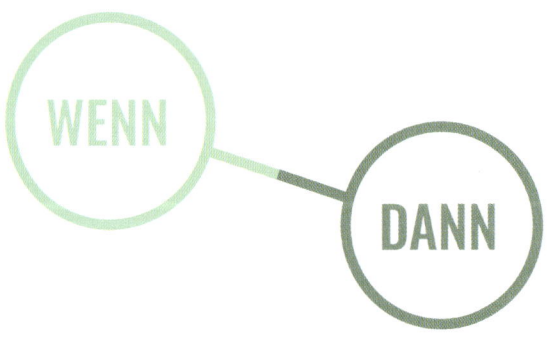

BEISPIEL

WITZE ERZÄHLEN

Schmunzeln erlaubt! Und mit den richtigen Assoziationen können Sie die Witze auch in passenden Situationen zum Besten geben!

WITZ	SITUATION	WENN – DANN
„Ich mach' jetzt leichte Gymnastik gegen mein Übergewicht."	z. B.: Nachspeise wird serviert	Nachspeise – Kniebeugen
„Nein, keine Kniebeugen oder Liegestütze."		
„Es genügt ein Kopfschütteln, wenn man mir was zu essen anbietet."		
„Die letzten Worte meines Fahrlehrers? – Parken Sie da an der Kaimauer."	z. B.: Parkplatzsuche	Parkplatz – Kaimauer

WITZ	SITUATION	WENN – DANN
„Wie nennt man einen Bumerang, der nicht zurück kommt?" „Stock"	z. B.: etwas wurde verloren und wird gesucht	Suchen – Bumerang
„Sie haben ja eine Kinderfahrkarte!" „Da können Sie mal sehen, wie sehr der Zug verspätet ist!"	z. B.: Zug hat Verspätung	Verspätung – Kinderfahrkarte
„Ich letztens zur Verkäuferin: Ich möchte genau so ein Hemd, wie ich jetzt anhabe." Sie darauf: „Das tut mir leid, wir haben nur saubere!"	z. B.: Fleck am Hemd entdeckt	Fleck entdeckt – Verkäuferin

LAMPENFIEBER?
ALLES EINE FRAGE
DER ÜBUNG!

Die Amygdala ist der Bereich Ihres Gehirns, der für die Angst-Reaktion zuständig ist. Sie versetzt uns in Alarmbereitschaft und sorgt dafür, dass wir schnell handeln – ohne Zeit mit Nachdenken zu verschwenden. Wer Angst hat, hat daher Schwierigkeiten, logisch zu denken (siehe S. 176). Die Amygdala reagiert aber nicht nur auf Gefahren, sie schlägt generell Alarm, wenn eine Situation neu für uns ist. Je alltäglicher die Umstände, desto sicherer fühlen wir uns. Dieses Gefühl der Sicherheit brauchen wir, um klar denken zu können.

Wenn Sie also bei wichtigen Gesprächen, in Prüfungssituationen oder in einer Fragerunde einen kühlen Kopf bewahren wollen, machen Sie sich mit diesen Situationen vertraut. Üben Sie Prüfungssituationen!

Berücksichtigen Sie dazu, in welcher Form Sie Gelerntes später wiedergeben sollen:

MÜNDLICH

Werden Sie mündlich auf Fragen antworten? Dann erzählen und erklären Sie bereits in der Vorbereitung laut. Auch die Methode „Nie wieder sprachlos" (siehe S. 164) hilft Ihnen dabei.

SCHRIFTLICH

Verwenden Sie gezielt Lernstrategien wie das Verfassen von Info-karten (S. 62), die es erforderlich machen, Wissen in eigenen Worten zu formulieren und schreiben Sie einige Antworten schon im Vorfeld nieder.

MULTIPLE-CHOICE

An Universitäten werden immer häufiger Multiple-Choice-Fra-gen eingesetzt und auch beim Kneipenquiz können Sie aus ver-schiedenen Antwortmöglichkeiten wählen. Auch hier ist Übung gefragt, um Ihre Schnelligkeit und Treffsicherheit zu erhöhen.

TIPP BEREITEN SIE SICH AUF MULTIPLE-CHOICE-TESTS IMMER MITHILFE VON ALT-FRAGEN VOR. ALSO MIT FRAGEN, DIE IN FRÜHEREN PRÜFUNGEN ODER QUIZZEN VOR-GEKOMMEN SIND. ARBEITEN SIE DIESE DURCH, UM SICH AN DEN FRAGESTIL UND DIE THEMEN ZU GEWÖHNEN!

PRÜFUNGSSITUATION

Überlassen Sie in der Prüfungssituation nichts dem Zufall und sorgen Sie dafür, dass so wenig wie möglich „neu" ist, um Ihre Amygdala nicht unnötig zu stimulieren. So können Sie Kleidung tragen, die Ihnen ein sicheres Gefühl gibt und auch den Prüfungs-raum schon im Vorfeld aufsuchen, um die Umgebung ein wenig kennenzulernen.

WIEDERHOLEN –
ABER RICHTIG!

Berieselung ist Zeitverschwendung! Das berühmte „Ich-habe-es-mir-eh-angeschaut"-Lernen ist keine Lerntechnik.

Wenn Sie Zeit in Wiederholungen investieren, dann investieren Sie sie gut und machen Sie es richtig.

Hierfür gibt es eine einfache Faustregel: „Wiederholen Sie immer aktiv!" Beim Wiederholen geht es um Ihre Erinnerungen, nicht um die Lernunterlagen. Versuchen Sie eine Information aus Ihrer eigenen Erinnerung abzurufen, bevor Sie diese mithilfe der Lernunterlagen verifizieren oder ergänzen.

SCHRITT 1:
AUSLÖSER

„Erzählen Sie einfach, was Sie wissen." So lautet eine der schwierigsten Prüfungsfragen überhaupt. Schließlich fehlt dieser Frage etwas Entscheidendes: der Auslöser und Hinweisreiz. Einfacher wird es, wenn die Frage beispielsweise lautet: „Erzählen Sie mir, was Sie über das Mittelalter wissen." In diesem Fall ist die offene Frage immerhin mit einem Hinweis versehen.

Genauso geht es Ihnen, wenn Sie aktiv wiederholen. Helfen Sie sich mit präzisen Auslösern weiter.

Mögliche Auslöser:

— Überschriften
— Prüfungsfragen
— Abbildungen
— Schlüsselwörter
— Zentrum von Mindmaps (siehe S. 66)
— Titel von Auflistungen (siehe S. 70)
— Vorderseiten von Karteikarten (siehe S. 94)
— Wenn-Zeitpunkte (siehe S. 150)
...

SCHRITT 2: ERINNERN!

Holen Sie sich keine zusätzlichen Informationen zum Auslöser. Versuchen Sie nun aktiv so viel wie möglich in Erinnerung zu rufen. Was fällt Ihnen ein? Welche Namen, Zahlen, Fachausdrücke können Sie sich in Erinnerung rufen?

SCHRITT 3: KONTROLLIEREN UND ERGÄNZEN

Jetzt ist Nachlesen erlaubt! Vergleichen Sie Ihre Erinnerung mit Ihren Lernunterlagen.

BEISPIEL

KÖNNEN SIE SICH EIN FAHRRAD VORSTELLEN?

Das ist nicht schwer?

Gut. Dann ergänzen Sie bitte nachfolgende Skizze. Es fehlen ein Teil vom Rahmen, Pedale und die Fahrradkette.

Vielen fällt diese Aufgabe nicht leicht. Selbst dann, wenn sie anfangs angeben, sich mit Fahrrädern ziemlich gut auszukennen. Das zeigen auch die Studien der britischen Wissenschaftlerin Dr. Rebecca Lawson: Sie führte das „Fahrradexperiment" mit ausgewählten Versuchspersonen durch.

Wenn wir herausfinden wollen, was wir wirklich wissen, müssen wir aktiv werden! Der Fehlglaube, etwas zu wissen, tritt besonders häufig bei Gegenständen auf, die wir regelmäßig sehen – das Fahrrad ist daher schon ein gutes Beispiel. Durch den ständigen Kontakt bekommen wir das Gefühl „Jaja, das kenne ich eh." Ob wir uns wirklich auskennen, merken wir aber erst, wenn wir richtig wiederholen, also aktiv erinnern.

Sie möchten jetzt gerne wissen, wie das vollständige Fahrrad aussieht? Dann haben Sie gleich noch etwas Wichtiges über aktives Wiederholen gelernt: Es ist förderlich für unsere Motivation.

Aktives Wiederholen ist aber auch gut für den Lernerfolg. Wenn Sie Ihre Zeichnung mit einem Fahrrad vergleichen, werden Sie das nächste Mal problemlos die fehlenden Details zeichnen können.

WISSEN ZUM MITNEHMEN

Wenn Sie sich an einen Parkplatz erinnern wollen, drehen Sie sich nach dem Einsteigen noch einmal um und werfen einen Blick auf den Parkplatz. Genauso ist es mit gelernten Informationen auch: Werfen Sie einen Blick zurück und halten Sie fest, woran Sie sich erinnern wollen.

Dieses Innehalten kommt in unserem Alltag häufig zu kurz. Wir setzen uns einer ständigen Informationsflut aus, auf Input folgt Input und wieder Input. Nehmen Sie sich zwischendurch die Zeit, um innezuhalten und zu überlegen: „Was war mir hier wichtig?"

Diesen Augenblick kann man sich am Ende eines Buches oder eines Kapitels bewusst nehmen oder am Ende einer Ausbildung sowie am Ende jeder einzelnen Vorlesung.

SCHRITT 1:
MITNEHM-SATZ
FORMULIEREN

Schreiben Sie einen Satz auf, den Sie sich, beispielsweise aus einer Vorlesung, mitnehmen möchen. Das kann ein Gedanke sein, den Sie weiterverfolgen wollen, ein Aha-Erlebnis, eine Methode, die Sie vielleicht umsetzen wollen.

SCHRITT 2:
MITNEHM-SÄTZE SAMMELN

Bewahren und sammeln Sie diese kurzen Wissenshäppchen! So entsteht mit der Zeit eine Sammlung von kleinen, aber feinen wichtigen Informationen.

BEISPIEL

Die Notizen, die Sie sich in diesem Buch am Ende jedes Kapitels machen, sind ein Beispiel für „Mitnehm-Gedanken". Nehmen Sie diese Methode auch für folgende Bücher mit und nehmen Sie sich am Ende jedes Kapitels Zeit für eine kurze Reflexion.

BIOGRAPHIEN

Nach dem Anhören oder Lesen von verschiedenen Kurz-Biographien könnten diese Mitnehm-Sätze entstehen:

Mahatma Ghandi
Inspirierte mit seinem Salzmarsch Indien zum gewaltfreien Widerstand gegen die Herrschaft Großbritanniens, indem Anordnungen, wie etwa kein eigenes Salz zu gewinnen, nicht befolgt wurden.

Marie Curie
Erforschte Radioaktivität und bekam als einzige Frau zweimal den Nobelpreis verliehen, und zwar für Physik und Chemie.

Mark Twain
Hieß eigentlich Samuel Langhorne Clemens und wuchs am Mississippi, dem Schauplatz der Abenteuer von Tom Sawyer und Huckleberry Finn, auf.

NUN SIND SIE AN DER REIHE
Was fällt Ihnen zu bekannten Persönlichkeiten ein?

NIE WIEDER SPRACHLOS: DIE RICHTIGEN WORTE AUFNEHMEN

Wenn wir nicht gerade in Arbeiten und Klausuren aufgefordert werden, Gelerntes schriftlich wiederzugeben, benötigen erwachsene Lerner ihr neues Wissen in erster Linie mündlich. Wir wollen in Diskussionsrunden klare Argumente liefern, beim Kamingespräch eine Anekdote erzählen oder auf eine Frage die richtige Antwort parat haben. Da macht es Sinn, die Erinnerung an gesprochenen Text zu üben.

Nützen Sie dazu die Sie die Diktierfunktion Ihres Handys und nehmen Sie Formulierungen, Texte, Gedanken auf.

SCHRITT 1: WICHTIGE INFORMATIONEN FILTERN

Natürlich macht es keinen Sinn, ganze Lehrbücher zu vertonen. Wählen Sie für Ihre Aufnahme einzelne wichtige Absätze oder, noch besser, Ihre eigenen Zusammenfassungen.

TIPP DIE KURZEN SÄTZE, DIE SIE SICH IM RAHMEN DER VORANGEGANGENEN ÜBUNG (S. 163) ÜBERLEGT HABEN, EIGNEN SICH HERVORRAGEND FÜR EINEN SCHNELLEN BEGINN.

SCHRITT 2:
TEXT AUFNEHMEN

Nützen Sie das vorinstallierte Diktiergerät Ihres Smartphones oder installieren Sie eine geeignete Diktiergerät-App, um Ihren Text aufzunehmen.

Sie können den Text wörtlich ablesen oder auch einen gelesenen Absatz in eigenen Worten wiedergeben.

Ihr Audio-Fragment sollte nicht zu lang werden – zwei bis drei Minuten reichen aus. Sprechen Sie weitere Gedanken in die nächste Datei.

SCHRITT 3:
DATEIEN TREFFEND
BENENNEN

Wählen Sie einen klaren Namen für Ihre Aufnahme, damit Sie diese später wiederfinden.

SCHRITT 4:
AKTIV ZUHÖREN

Hören Sie sich Ihre Aufnahmen zwischendurch an – etwa beim Sport, im Auto oder während Ihrer Alltagtätigkeiten. Aber auch beim Zuhören gilt: Aktives Zuhören ist zielführender als passive Berieselung. Versuchen Sie mit Ihrer Aufnahme mitzusprechen oder schalten Sie zwischendurch auf Pause oder lautlos, um sich selbst zu überprüfen.

Sie werden merken, dass Sie dank Ihren Aufnahmen ganze Phrasen problemlos wiedergeben können.

MIT LERN-WERBUNG ERINNERUNGEN WECKEN

Warum funktionieren Werbeplakate? Weil unser Blick im Vorbeigehen darauf fällt und wir gar nicht anders können, als die Slogans zu lesen. Das liegt daran, dass Lesen ein automatisierter Prozess ist. Warum nutzen wir dieses Information also nicht dafür, uns an wichtige Inhalte zu erinnern? Umgeben Sie sich mit Erinnerungen an Gelerntes.

SCHRITT 1:
WERBEBOTSCHAFTEN
SAMMELN

Auf Werbeplakaten finden sich keine ganzen Romane – stattdessen kurze Slogans und einzelne Begriffe. Für Ihre Werbebotschaften eignen sich daher kurze zusammengefasste Informationen, die Sie in den vorigen Lernphasen gesammelt haben, im Speziellen:

— Wortbilder (S. 108)
— Ohrwürmer (S. 112)
— Nonsens-Wörter (S. 120)

Alternativ können Sie auch bildliche Zusammenfassungen für Ihre Werbebotschaften nutzen:

— Bildgeschichten (siehe S. 74)
— Zeitstreifen (siehe S. 78)
— Landkarten (siehe S. 66)
— Geschichtscollagen (siehe S. 90)

SCHRITT 2:
WERBEBOTSCHAFTEN
AUFHÄNGEN

Notieren Sie jeden Inhalt auf einer einzelnen Karte und finden Sie geeignete Stellen in Ihrer Wohnung. Besonders günstig sind Stellen, auf die im Alltag immer wieder Ihr Blick fällt: Die WC-Tür, der Badezimmerspiegel, die Kühlschranktüre innen oder außen, usw.

SCHRITT 3:
AKTIV WIEDERHOLEN

Sie werden Ihren Karten ganz von selbst im Alltag immer wieder begegnen. Halten Sie ab und zu inne, um die Informationen gedanklich zu wiederholen und zu versuchen, sie selbstständig wiederzugeben.

BEISPIEL

LAST-MINUTE-LERNTIPP:
TEXTFREIER SCHUMMELZETTEL

Sie haben dieses Kapitel aufgeschlagen, weil Sie kurz vor einer Prüfung stehen oder in Bälde in einer Situation sind, in der Sie Ihr gelerntes Wissen abrufen möchten? Kurz vor zwölf lautet der wichtigste Lerntipp: „Besinnen Sie sich auf das Wesentliche!" Ein Kapitel, das Sie sich bis jetzt nicht angesehen haben, sollten Sie auch nicht mehr aufschlagen. Sie haben es sicher zu Recht als weniger wichtig eingestuft und daher ausgelassen. Stellen Sie sich stattdessen die Frage, welche Themen auf jeden Fall oder zumindest ziemlich sicher von Wichtigkeit sind! Gibt es Prüfungsfragen, Quizthemen oder Gesprächspunkte, mit denen Sie fix rechnen können? Wenn Sie noch lernen oder wiederholen wollen, dann machen Sie das gezielt und nur noch punktuell.

Notfalls helfen Sie sich einfach mit einem „Schummler" weiter … Ein Schummelzettel kann ganz ohne verbotenen Text auskommen. Dazu nützen Sie die mnemotechnische Methode der Verortung, die Sie schon beim Gedächtnispalast (S. 124) und der Körperliste (S. 130) kennengelernt haben.

SCHRITT 1:
MASKOTTCHEN FINDEN

Finden Sie ein Maskottchen, das Sie mitnehmen können. Nein, das muss kein kindliches Stofftier sein (darf es aber natürlich auch sein). Ein Schlüsselanhänger, Schüttelpennal oder auch ein Foto eignen sich ebenfalls als Basis für Ihren Schummelzettel.

SCHRITT 2:
INFORMATIONEN FESTLEGEN

Wofür brauchen Sie Ihren Schummelzettel? Bereiten Sie sich auf eine Prüfungssituation vor oder planen Sie eine freie Rede?

Machen Sie Notizen von den Informationen, die Sie auf Ihrem Schummelzettel festlegen wollen

SCHRITT 3:
INFORMATIONEN VERANKERN

Wie im vorigen Kapitel beschrieben (siehe S. 130) können Sie nun die einzelnen Informationen mit verschiedenen Positionen an Ihrem Maskottchen oder in Ihrem Foto verankern. Nützen Sie dafür möglichst merk-würdige Assoziationen.

BEISPIEL

DIE STAATSCHEFS DER G7 STAATEN

Sieben Industrienationen haben sich 1975 zur Gruppe der Sieben zusammengeschlossen. Zwischenzeitlich war auch Russland einbezogen, zu der Zeit wurde die Gruppe als G8 bezeichnet.

Hier die Liste der sieben Staaten der Gruppe der Sieben inklusive Staatschefs:

1. *Deutschland – Angela Merkel*
2. *Frankreich – Emmanuel Macron*
3. *Italien – Giuseppe Conte*
4. *Japan – Shinzō Abe*
5. *Kanada – Justin Trudeau*
6. *Vereinigtes Königreich – Theresa May*
7. *Vereinigte Staaten – Donald Trump*

Sie stehen kurzfristig vor der Aufgabe, sich diese Personen merken zu müssen? Kein Problem! Nützen Sie Ihren Schlüsselanhänger als Schummelzettel.

Stellen Sie sich die sieben Personen an den entsprechenden Positionen vor.

Helfen Sie sich mit Hilfswörtern (siehe S. 104), falls Sie sich einzelne Personen nicht vorstellen können. Diese werden Sie wahrscheinlich nicht bei allen Staatschefs benötigen, beschränken Sie sich hier auf die schwierigen Namen.

z. B.:
Emmanuel Macron – mögliches
Hilfswort „Macaron". Stellen Sie
sich ein riesiges rundes Macaron
vor, das die Turbine verdeckt.

LAST-MINUTE-FITNESS-PROGRAMM: GEHIRN IN TOP-FORM

Ich werde häufig nach Last-Minute Lernstrategien gefragt. Was können wir noch tun, wenn eine Prüfung oder eine andere wichtige Veranstaltung, bei der es um Gelerntes geht, schon in ganz naher Zukunft ansteht?

In solchen Situationen ist weniger eine Lernstrategie, sondern vielmehr ein Fitness-Programm nötig. Wenn wir von unserem Gehirn geistige Höchstleistungen erwarten, sollten wir es auch in einen höchst leistungsfähigen Zustand versetzen. Und dazu braucht es Fitness. Das Gehirn ist Teil unseres Körpers und wer körperlich nicht fit ist, ist eben auch geistig nicht zu Höchstleistungen in der Lage.

Im Lern-Stress vernachlässigen wir oft unseren Körper. Da wird nächtelang durchgelernt, um in letzter Minute noch so viele Informationen wie möglich in den Kopf zu bekommen. Und aus Zeitnot weichen die gesunden Ernährungsvorsätze schnellen Snacks und ungesunden Getränken. Dazu kommt möglicherweise noch gesteigerter Konsum von Alkohol und Zigaretten ... Wenn eine Prüfung naht, ist es entscheidend, das Gehirn in Top-Form zu bringen.

WIE SIEHT IHR LAST-MINUTE-FITNESS-PROGRAMM AUS?

Vorschläge: Kein Alkohol   Ausschlafen
Zu Fuß zur Prüfung gehen   Genug trinken

LAST-MINUTE-MENTALTRAINING – „DON'T STOP ME NOW!"

„Zuhause und in Ruhe weiß ich immer alles. Aber sobald mich jemand unvermittelt fragt, oder wenn ich gar geprüft werde, ist mein Wissen wie weggeblasen." Kennen Sie das? Angst blockiert wichtige Bereiche in unserem Großhirn und hindert uns, logisch zu denken oder kreative Lösungen zu finden (siehe auch [2]). Darum kann uns unsere Erinnerung schon einmal im Stich lassen, sobald der Druck zu hoch ist.

In den letzten Tagen und Minuten vor einer Prüfungssituation ist daher nicht nur körperliche Fitness, sondern auch mentale Stärke gefragt.

Sie haben drei Möglichkeiten, steuernd in Ihre Gefühlswelt einzugreifen: Über Ihr Denken, Ihr Handeln und Ihren Körper.

DENKEN

„Du schaffst das!" Finden Sie einen ermutigenden Satz.

TIPP   DENKEN SIE AN EINE PERSON, DIE IMMER HINTER IHNEN STEHT. WAS WÜR-DE SIE ZU IHNEN SAGEN?

[2] SMOLKA, HEIDE-MARIE UND TURECEK, KATHARINA (2017) ZUM GLÜCK MIT HIRN: EIN VERLOCKENDES ANGEBOT FÜR GLÜCKSSKEPTIKER. SPRINGER.

HANDELN

Nützen Sie die Macht der Musik. Es gibt Lieder, die uns an vergangenen Liebeskummer erinnern oder Sorgen wecken. Es gibt aber auch Lieder, die Spaß machen, uns Kraft geben und uns das Gefühl geben, alles erreichen zu können. Welches Lied hat diesen Effekt auf Sie?

KÖRPER

Gefühle verändern Mimik, Körperhaltung und Gangart. Umgekehrt können wir aber über diese Faktoren auch unsere Gefühle beeinflussen – diese Methode nennt sich Bodyfeedback. Finden Sie heraus, welche Mimik, Haltung und Gangart Sie haben, wenn Sie sich sicher fühlen. Was ist anders und was können Sie aktiv verändern, um Ihr Gefühl von Sicherheit zu wecken?

Ideen:
- Tief und ruhig atmen
- Aufrecht gehen
- Wacher Blick nach vorne
- Leichtes Lächeln
- Sicherer flotter Gang

BEISPIEL

IHR LAST-MINUTE-MENTALTRAINING

DENKEN

Mein Satz:

HANDELN

Mein Lied:

KÖRPER

Mein Bodyfeedback:

GEWUSST STATT GEGOOGELT

„Es liegt mir auf der Zunge ..." Nichts ist lästiger als das Gefühl, die richtige Antwort zu wissen, ja regelrecht parat zu haben, aber eben jetzt gerade nicht wiedergeben zu können. Was tun, wenn das lästige Zungenspitzenphänomen auftritt?

In der Einführung zu diesem Kapitel haben Sie bereits erfahren: Erinnerung braucht immer einen Hinweisreiz. Wenn Ihnen ein wichtiger Begriff oder ein Name nicht einfällt, sammeln Sie Hinweisreize. Erinnerung ist Detektivarbeit! Suchen Sie Hinweise!

SCHRITT 1:
HINWEISREIZ ORT

Der Ort ist eine sehr mächtige Erinnerung! Wo waren Sie, als Sie über dieses Thema etwas gelesen oder gehört haben? Versuchen Sie sich zu erinnern, wo Sie dem Begriff das letzte Mal begegnet sind.

SCHRITT 2:
HINWEISREIZE ANFANGSBUCHSTABEN

Gehen Sie in Gedanken das Alphabet durch und schließen Sie der Reihe nach Buchstaben aus, die Ihrer Meinung nach nicht in Frage kommen. Wenn Sie beim richtigen Buchstaben angelangt sind, fällt Ihnen möglicherweise das gesuchte Wort ein.

SCHRITT 3:
HINWEISREIZE WORTLÄNGE UND WORTKLANG

Wir wissen zwar manchmal einen Begriff nicht, haben aber ein

Gefühl, was es auf keinen Fall sein könnte. Wir sind sicher, einen zusammengesetzten Begriff oder ein Wort aus einem anderen Sprachraum zu suchen. Machen Sie sich all diese Details bewusst, es sind Hinweisreize.

SCHRITT 4:
HINWEISREIZE ZUSAMMENHÄNGE

Vielleicht fällt Ihnen der Begriff nicht ein, weil in einem ungewohnten Zusammenhang nach ihm gefragt ist? Überlegen Sie, in welchen anderen Kontexten das Wort auch relevant sein könnte.

SCHRITT 5:
HINWEISREIZE ESELSBRÜCKEN

Haben Sie sich möglicherweise beim Lernen Hilfswörter zu dem gesuchten Begriff gebildet?

SCHRITT 6:
DENKPAUSE

Wenn Ihnen der Begriff nach den vorigen fünf Schritten immer noch nicht einfällt, dann legen Sie eine kurze Pause ein. Möglicherweise sind Sie bei Ihrer Suche einem Denkfehler erlegen, sind sich beispielsweise sicher, der Begriff beginnt mit einem M, dabei ist das M nicht am Beginn, sondern in der Mitte. Wenn Sie eine Denkpause einlegen, werden diese falschen Gedankengänge weniger relevant und er fällt Ihnen ein – möglicherweise, wenn Sie gerade mit einer ganz anderen Tätigkeit beschäftigt sind.

Sie sehen: Erinnerung funktioniert systematisch! Genau wie beim Einprägen können Sie auch beim Erinnern mit System und nach bestimmten Schritten vorgehen. Im Alltag fangen wir hingegen oft mit Schritt 6 an, denken erst gar nicht nach, sondern googeln. Oder wir grübeln ohne Ende. Beides führt nicht zum Ziel. Erfolgreich erinnern funktioniert, mit diesen sechs Schritten. Es ist einen Versuch wert.

SO ERINNERE ICH MICH ERFOLGREICH

KURZ UND BÜNDIG:

ACHTEN SIE AUF IHREN KÖRPER.

**KURZ VOR WICHTIGEN SITUATIO-
NEN ZÄHLT VOR ALLEM DIE
OPTIMALE KÖRPERLICHE UND
MENTALE VORBEREITUNG.**

Lernen ist Veränderung. Lernvorgänge führen dazu, dass sich unser Handeln, unser Denken, unsere Antworten verändern. Auch wenn Sie gerade nicht für eine Prüfung lernen, wird es Situationen geben, in denen Sie sich aktiv an das neue Wissen erinnern wollen. Die Strategien, die Sie in diesem Kapitel kennengelernt haben, helfen Ihnen dabei, Neues zu festigen und im gewünschten Moment abrufen zu können. Anbei finden Sie eine Übersicht der vorgestellten Techniken und Anregungen. Machen Sie sich Ihre eigenen Notizen, damit auch diese Strategien den Weg in Ihren Lernalltag finden.

METHODE	MEIN ERSTER EINDRUCK			NOTIZEN, MÖGLICHES ANWENDUNGSGEBIET
Wenn-Dann	☺	☹	😐	
Zielsichere Prüfungsvorbereitung	☺	☹	😐	
Aktiv wiederholen	☺	☹	😐	
Mitnehm-Sätze	☺	☹	😐	
Diktiergerät	☺	☹	😐	
Lern-Werbung	☺	☹	😐	
Textfreier Schummelzettel	☺	☹	😐	
Fitness-Programm	☺	☹	😐	
Mentaltraining	☺	☹	😐	
Gewusst statt gegoogelt	☺	☹	😐	

ES IST NICHT GENUG
ZU WISSEN – MAN
MUSS AUCH ANWENDEN.
ES IST NICHT GENUG
ZU WOLLEN – MAN
MUSS AUCH TUN.
JOHANN WOLFGANG
VON GOETHE

EPILOG

Dieses Zitat möchte ich Ihnen am Ende dieses Buches ganz bewusst mit auf Ihren Lernweg geben. Sie haben in den vorangegangenen Seiten vieles über verschiedenste Lernmethoden gelesen und erfahren. Mein Ziel war es, Ihnen praxisnahe Tipps und Techniken zu vermitteln und Ihnen damit zu zeigen, dass jeder von uns sich Wissen aneignen kann. Wichtig ist aber auch zu erkennen: man wird nicht von heute auf morgen zum Gedächtniskünstler. Lernen ist nicht gleich Lernen und Gedächtnis nicht gleich Gedächtnis!

Es gibt Lernprozesse, die zu Wissen führen, und andere, die das Können verbessern. Im Gehirn sind dafür tatsächlich unterschiedliche Strukturen zuständig.

Zu Wissensinhalten zählen Daten und Fakten, aber auch Erlebnisse, an die Sie sich erinnern. Im Gehirn ist für ihren Erwerb der Hippocampus zuständig, der das gelernte Wissen in die Großhirnrinde und ins Langzeitgedächtnis transferiert.

Zum Können zählen Fähigkeiten und Fertigkeiten wie etwa ein Gerät zu bedienen oder zu stricken. Diese werden im Gehirn in Strukturen wie den Basalganglien oder dem Kleinhirn erworben – Bereiche, die uns ermöglichen, Automatismen zu entwickeln, um Ressourcen zu sparen.

Ein oft gehörter und vielseitig gebrauchter Begriff der heutigen Zeit ist die „Kompetenz". Dabei wird Kompetenz häufig mit „Können" verwechselt. Während „Können" ein roboterhaftes „Ich tu es einfach. Ich weiß zwar nicht was ich hier mache, aber ich kann es!" beschreibt, bedeutet Kompetenz, dass ein gewisses Hintergrundwissen vorhanden ist, man also sehr genau weiß, was man warum tut.

WISSEN KÖNNEN

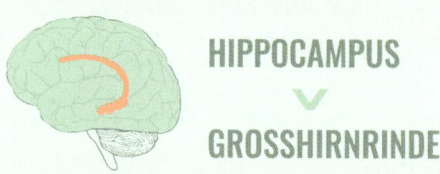 

HIPPOCAMPUS
∨
GROSSHIRNRINDE

KLEINHIRN
BASALGANGLIEN

ABB.: IM GEHIRN SIND FÜR DEN WISSENSERWERB ANDERE STRUKTUREN ZUSTÄNDIG ALS FÜR DIE ANEIGNUNG VON FÄHIGKEITEN UND FERTIGKEITEN.

Wissen allein ist keine Kompetenz. Ein Fahrschüler, der die theoretische Prüfung bestanden hat, kann noch nicht unbedingt Auto fahren.

Wissen ohne Können ist träges Wissen. Kompetenz hingegen benötigt beides!

Dieses Buch hat sich primär mit Methoden befasst, die Ihr Wissen erweitern. Was aber braucht es, damit wir etwas immer besser können? Richtig – die Übung. Je öfter wir etwas machen, desto besser werden wir es können. Das gilt für Ihre Selbstlernkompetenz – aber auch für jedes Thema, das Sie sich mithilfe der Methoden in diesem Buch aneignen möchten. Sie wollen sich optimal organisieren, leichter lernen, mehr merken oder erfolgreich erinnern? Dann fangen Sie an! Am besten gleich heute! Eine langfristige Umstellung des Lernverhaltens passiert nicht von jetzt auf gleich. Aus diesem Grund habe ich bewusst einzelne konkrete Tipps gesammelt. Sie können sich die Methoden und Techniken portionsweise aneignen – je nach Lust, Laune und aktuellen Anforderungen. Bevor Sie das Buch also zur Seite legen, denken Sie noch einmal über das Gelesene und Gelernte nach. Welche Methoden haben Sie besonders angesprochen? Welche Notizen zu den einzelnen Kapiteln haben Sie sich gemacht? Vor allem aber: gehen Sie in die Umsetzung. Nicht morgen, nicht bald – am besten direkt nachdem Sie diese letzten Zeilen gelesen haben!

Alles Gute und viel Freude beim Lernen.

KATHARINA TURECEK
www.katharinaturecek.com

VERLAG

HUBERT KRENN

Das wievielte gemeinsame Buch? Das muss ich zählen! Danke für die tolle Zusammenarbeit, seit 20 Jahren! *www.krenn-verlag.at*

KATRIN LADSTÄTTER

Die wichtigsten Dinge geschehen im Hintergrund, danke für das hervorragende Backoffice!

GABRIELA FREIMUTH

Danke sowohl für kritische als auch für motivierende Anregungen und inhaltliche Ergänzungen!

TEXT

SANDRA EDER

Danke für einen besonders feinen sprachlichen Feinschliff! Klare Empfehlung! *www.besonders.info*

ALEXANDER SPRUNG

Danke dafür, dass ich beim Schreiben keine Angst vor dem Fehlerteufel haben muss, weil ich weiß, er wird gefunden!

GRAFIK

EMIMA MIRIAM ILIE

Wissen sichtbar zu machen ist eine Kunst! Danke dafür! *www.behance.net/emimailie*

Lektorat: MMag. Alexander Sprung
Cover, Grafik & Infografiken: Emima Miriam Ilie
Fotos: Emima Miriam Ilie, Pexels, Pixnio, Wikimedia Commons
Druck und Bindung: FINIDR, s.r.o – Česká republika

Printed in EU

ISBN 978-3-99005-340-9